GIULIO CESARE GIACOBBE

Gedankenmedizin für Schisser

GOLDMANN
Lesen erleben

Buch

Unsere Angst ist die einzige Macht, die uns daran hindert, unser wunderbares Leben zu genießen. Das Gute daran ist, dass sie unserem Gedankenkino entspringt und daher von uns verändert werden kann. Natürlich nicht durch gut Zureden oder logische Argumente. Aber die liebevolle Begegnung mit dem inneren Kind und die Stärkung unserer Erwachsenen-Souveränität ist der Weg, auf dem sich unnötige Ängste dauerhaft auflösen. Giacobbes vergnügliche Anleitung lädt uns ein, dem Schisser in uns ein bisschen aufzuhelfen und unsere Lebensqualität deutlich zu verbessern.

Autor

Giulio Cesare Giacobbe hat Philosophie und Psychologie studiert. Nach einer Ausbildung zum Psychotherapeuten lehrt er heute Psychologische Grundlagen der therapeutischen Techniken Asiens an der Universität von Genua.

Von Giulio Cesare Giacobbe sind im Goldmann Taschenbuch außerdem erschienen:

Wie Sie Ihre Hirnwichserei abstellen und
stattdessen das Leben genießen (21716)
Zum Buddha werden in 5 Wochen (21777)

Giulio Cesare Giacobbe

Gedankenmedizin für Schisser

Wie wir unseren Zweifeln die Macht nehmen

Aus dem Italienischen von
Elisabeth Liebl

GOLDMANN

Die italienische Originalausgabe dieses Buches erschien 2010
unter dem Titel *La paura è una sega mentale* bei Arnoldo Mondadori
Editore S.p.A., Mailand, Italien.

Verlagsgruppe Random House FSC® N001967
Das für dieses Buch verwendete FSC®-zertifizierte Papier
München Super liefert Arctic Paper Mochenwangen GmbH.

1. Auflage
Vollständige Taschenbuchausgabe November 2013
Wilhelm Goldmann Verlag, München,
in der Verlagsgruppe Random House GmbH
© 2010 Arnoldo Mondadori Editore S.p.A., Mailand, Italien
Lektorat: Ralf Lay
Umschlaggestaltung: UNO Werbeagentur München
Umschlagmotiv: getty images / Vetta / CSA Images
Satz: EDV-Fotosatz Huber/Verlagsservice G. Pfeifer, Germering
Druck und Bindung: GGP Media GmbH, Pößneck
Printed in Germany
ISBN 978-3-442-22043-4

www.goldmann-verlag.de

Inhalt

Die Angst   7

Die kindliche Neurose   22

Die Entwicklungs-Psychotherapie   34

Der Tangotänzer   46

Das Selbstbild   55

Die Subpersönlichkeiten   64

Das Kind   74

Vincenzo   88

Die Persönlichkeit   105

Das Selbstbild des Erwachsenen   116

Die Entwicklung des Erwachsenen-Selbstbilds   121

Das Modell 129

Das Training zur Entwicklung
einer Erwachsenen-Persönlichkeit 140

Die geführte Visualisierung 150

Das innere Kind. 159

Die Große Mutter 166

Die Dame des Lichts und der Krieger des Lichts. . . 173

Visualisierung und Konzeptualisierung 178

Die Verstärker. 183

Die Atmung 189

Die Erfahrung 200

Die Dynamik der Entwicklungs-Psychotherapie. . . 215

Die Angst

Die Angst ist ein Tiger, der im Schatten unserer Persönlichkeit lauert – jederzeit bereit, über uns herzufallen.

Sie verfolgt uns ein Leben lang.

Einzig die Angst ist wirklich imstande, uns dieses wunderbare Leben zu ruinieren.

Alles andere – Verlusterfahrungen, Verlassenwerden, Niederlagen, Demütigungen, Angriffe, denen wir ausgesetzt sind – ist nur deshalb schmerzhaft, weil es von Angst begleitet ist.

Sind wir frei von Angst, können uns selbst solche negative Erfahrungen unsere natürliche Lebensfreude nicht rauben.

All unser Leiden kommt von der Angst.

Missverständnisse, Neid, Misstrauen, Argwohn, Bitterkeit, Groll, Hass, Aggressivität, Gewalt, schlechte Laune, Niedergeschlagenheit, Nervosität, Verzweiflung.

All das kommt von der Angst. Sie ist der wahrhaft große Feind in unserem Leben.

Die Angst ist der wahrhaft große Feind in unserem Leben.

Feind unseres Glücks.

Feind unseres Friedens.

Feind unserer Lebensfreude.

Die Angst ist der *Dämon.*

Doch dieser Dämon existiert außerhalb unser selbst gar nicht.

Er lebt nur in uns.

Wir selbst sind der Dämon.

Oder vielmehr ein Teil von uns.

Was aber ist Angst eigentlich?

Die Angst ist *unsere Reaktion* auf eine *Aggression.*

Jeder weiß, dass wir Angst bekommen, wenn wir einer Aggression ausgesetzt sind.[1]

Aber nicht jeder weiß, dass die Aggressionen nicht aus der Außenwelt kommen, sondern aus unserem kognitiven Filter entstehen.

Aggressionen kommen nicht aus der Außenwelt,
sondern entstehen durch unsere kognitiven Filter.

---

1 Man sagt mir immer wieder, dass ich der Meister des Selbstverständlichen bin. Das Selbstverständliche ist das, was jeder vor der Nase hat, aber keiner sieht. Wenn es dann doch einer sieht, sagen alle anderen: »Aber das ist doch selbstverständlich!« Ich kann gut damit leben, der Meister des Selbstverständlichen zu sein. Denn damit bin ich in bester Gesellschaft. Meister des Selbstverständlichen waren auch Bertrand Russell, George Bernard Shaw und Oscar Wilde. Lauter Engländer – warum wohl?

Wir haben nämlich keine direkte Beziehung zur Welt.

Diese gelangt nur durch unser Gehirn zu uns.

Und in unserem Gehirn sitzt unser kognitiver Filter.

Die Abbildung »Wirklichkeit« macht diesen Prozess anschaulich.

WIRKLICHKEIT

Kognitiver Filter

Bewusstsein

Unbewusstes

Unser Unbewusstes, also unser Gehirn, bestimmt über unseren kognitiven Filter, der eine durch und durch persönliche Angelegenheit ist.

Er entsteht aus *unserer* Erfahrung und *unserem* Gedächtnis.

Die Wirklichkeit wird von unserem kognitiven Filter interpretiert, und diese Interpretation ist unsere Wirklichkeit.

Aus diesem Grund sieht *jeder* von uns *die Welt anders* – nicht die Wirklichkeit, sondern nur unsere *Interpretation* von ihr.

Wir sehen nicht die Wirklichkeit,
sondern nur unsere Interpretation der Wirklichkeit.

Die von unserem kognitiven Filter bestimmt wird.

Wenn wir es als Aggression erleben, dass jemand uns einen Whisky Soda anbietet, dann ist das für uns eine Aggression.[2]

Da lässt sich auch gar nichts machen.

Dieser geistige Prozess wurde von den Weisen Indiens schon Jahrhunderte vor der christlichen Zeitrechnung entdeckt.[3]

Die *erste Ursache* der Angst ist unsere *Interpretation* einer Erfahrung als Aggression.

---

2 Das wäre beispielsweise vorstellbar, wenn wir einem Muslim einen Whisky Soda anböten.

3 »Die Wahrnehmung ist das Produkt der Begegnung zwischen Objekt und Selbstbild des Subjekts mit seinen Emotionen.« So steht es beim indischen Gelehrten Patanjali in dessen *Yoga-Sutra*, Kapitel IV, Vers 23. In meinem Buch *La psicologia dello Yoga*, Genua 1994, nehme ich eine psychologische Lektüre von Patanjalis großem Werk aus dem dritten vorchristlichen Jahrhundert vor. Da Patanjali nur eine lange bestehende mündliche Tradition schriftlich niederlegte, reichen seine Lehren zeitlich weit vor Beginn des Christentums zurück.

*Die erste Ursache der Angst ist nicht Aggression,
sondern unsere Interpretation einer Erfahrung als Aggression.*

Natürlich kann die Aggression auch ganz real sein.

In diesem Fall tun Sie gut daran, Angst zu bekommen.

Als der Schöpfer die Angst erschuf, wollte er uns damit nichts Böses tun.

Er hat uns vielmehr ein Geschenk gemacht.

Wie üblich.[4]

Das ist sein Trick, um uns vor Aggressionen zu schützen.

Ohne Angst wären wir längst ausgestorben.

Plötzlich steht ein Tiger vor Ihnen.

Was tun Sie?

Sie zischen ab wie 'ne Rakete.

Vollkommen zu Recht.

Und der Tiger kommt um eine Mahlzeit.

So weit, so gut.

Außer Sie wären der Tiger.

Aber wenn Sie gemütlich im Wohnzimmer sitzen.

Und sich vorstellen, da draußen würde ein Tiger herumstreichen.

---

4 Der Schöpfer ist eine gute und großzügige Gestalt. Er macht uns seit jeher Geschenke. Das erste Geschenk war Eva. Eva ist ein ganz wunderbares Geschenk. Schade, dass sie nicht dasselbe über Adam sagen kann. Aber irgendwas ist ja immer faul. Das ist ganz normal. Man kann schließlich nicht alle zufriedenstellen. Nicht einmal *Er* kann das.

Und auf einmal Angst bekommen.

Was tun Sie dann?

Zischen Sie ab wie eine Rakete?

Nein.

Sie wissen ganz genau, dass Ihnen das nichts bringt.

Also: Was tun Sie?

Sie bleiben im Wohnzimmer sitzen und zittern vor Angst.

Aber da ist weit und breit kein verdammter Tiger.

Sehen Sie: Das ist Angst. In den meisten Fällen jedenfalls.

Angst vor etwas, *das gar nicht da ist*.

Vor etwas, das *nur in unserem Kopf* vorkommt.

Das wir uns nur *vorstellen*.

Eine *imaginäre Angst* also.

Eine Riesen-Hirnwichserei ist das.[5]

Um diese imaginäre Angst geht es in diesem Buch.

Nicht um die reale Angst.[6]

---

5 Siehe dazu mein Buch *Wie Sie Ihre Hirnwichserei abstellen und stattdessen das Leben genießen*, München 2005.

6 Über die reale Angst kann man kein Buch schreiben. Außer vielleicht, Sie publizieren darin ein Foto von Bin Laden. Als russische Balletttänzerin. Ansonsten machte er schon zu seinen Lebzeiten niemandem Angst. Wir sahen ihn so oft in seinen selbst aufgenommenen Interviews, wo er sich als Terrorist gab – gekleidet wie ein afghanischer Bauer mit Kalaschnikow statt Hacke –, dass wir uns daran gewöhnt hatten. In der letzten Zeit hörte ihm sowieso niemand mehr zu. Außerdem: Wer kapierte schon, was er sagte? Er redete ja Arabisch. Meine Nichte Greta sah ihn zum ersten Mal mit vier Jahren – als *sie* vier war, nicht Bin Laden, natürlich – und meinte: »Wer ist dieser afghanische Bauer, der sich da als Terrorist ver-

Die ganz normal ist.

Sondern um die imaginäre Angst.

Um die Riesen-Hirnwichserei der imaginären Angst.

Aber wie können wir die imaginäre von der realen Angst unterscheiden?

Ganz einfach.

Immer wenn das, wovor Sie Angst haben, *nicht vor Ihnen steht*, ist Ihre *Angst imaginär.*

Immer wenn Sie nicht ganz konkret vor sich sehen, wovor Sie Angst haben, ist Ihre Angst imaginär und damit eine Hirnwichserei.

Ich weiß, für die meisten ist das schwer zu glauben.

Sie sind so sehr daran gewöhnt, ihre imaginären Ängste für real zu halten, dass sie beides schon gar nicht mehr voneinander unterscheiden können.[7]

---

kleidet hat?« – »Bin Laden.« – »Ach.« Dann hat sie auf ein anderes Programm umgeschaltet.

7 Das Buch richtet sich natürlich an alle Menschen, aber da ich eine ganz persönliche Nemesis habe, der ich diene, widme ich es von jetzt an vor allem den Frauen. Ich weiß, ein solches »sie« ist zunächst einmal unpersönlich, aber ich will damit nun einmal ganz gezielt die Frauen ansprechen. Den Männern ist das sowieso egal. Und wenn nicht, haben sie eben Pech gehabt. Ohnehin werden lediglich 20 Prozent aller Buchkäufe von Männern getätigt. Und nur 5 Prozent aller Buchleser sind Männer. Was wiederum ein klarer Beweis dafür ist, dass auch Männer Geld zum Fenster rauswerfen, nicht nur Frauen.

Sie haben Angst, dass sie ein Flugzeug nehmen[8] und dieses abstürzen könnte.

Das hat mir zumindest einer meiner Patienten erzählt.

Auf meinen Einwand, es sei nicht ganz einsichtig, warum ausgerechnet ihm so etwas passieren solle, antwortete er: »Ist es möglich oder nicht, dass das Flugzeug, das ich nehme, abstürzt?«

»Ja, sicher.«

»Sehen Sie?«

Doch die Möglichkeit ist nicht die Realität.

Die Möglichkeit ist nicht die Wirklichkeit.

Denn alles, was möglich ist, ist *unendlich*.

Alles, was möglich ist, ist unendlich.

Und das, was wirklich ist, ist nicht nur endlich, sondern auch massiv begrenzt.

Alles, was real ist, ist endlich und begrenzt.

---

8 Witzig, nicht wahr, diese Art, sich auszudrücken? »Ich nehme ein Flugzeug.« Vollkommen absurd! Stellen Sie sich vor, Sie kommen keuchend in die Duty-free-Parfümerie am Flughafen und sagen: »Ich brauche eine Pinzette, um das Flugzeug zu nehmen.« Was wird man Ihnen darauf wohl antworten? Völlig klar: »So große Pinzetten führen wir leider nicht.«

Wenn wir tatsächlich eine Vorhersage riskieren wollen, dann dürfen wir uns nicht auf Möglichkeiten stützen, sondern auf *Wahrscheinlichkeiten*.

Wie es die Versicherungsgesellschaften tun.

Die Wahrscheinlichkeit, dass ein Flugzeug vom Himmel fällt, ist verschwindend gering.[9]

Doch das überzeugt meinen Patienten nicht.

Mit Worten lassen sich Menschen, die Angst haben, ohnehin nicht überzeugen.

Daher ist er ins Auto gestiegen und hat, um nicht das Flugzeug nehmen zu müssen, sechshundert Kilometer auf der Autobahn zurückgelegt.[10]

---

9 »Wenn wir davon ausgehen, dass weltweit 30 000 Flüge pro Tag gehen (10 950 000 im Jahr), dann errechnet sich daraus eine Wahrscheinlichkeit von 0,000012 Prozent. Die Wahrscheinlichkeit, in einen Flugzeugabsturz verwickelt zu werden, ist gering, und noch geringer ist die, dabei zu sterben. Demgegenüber sollte man bedenken, dass allein in Italien Jahr für Jahr mehr als 3000 Menschen bei Autounfällen das Leben lassen« (http://it.answers.yahoo.com/question/index?qid=20081106152739AASB8aU). »Für die Jahre 2007–2009 sind die Zahlen in unserem Land ausgezeichnet: Bei etwa 2 Millionen Abflügen insgesamt gab es keinen einzigen tödlichen Unfall« (http://www.aduc.it/notizia/incidenti+aerei+aumentano+morti_115178.php).

10 »In Italien ereignen sich täglich im Durchschnitt 598 Autounfälle, bei denen durchschnittlich 13 Menschen sterben und 849 verletzt werden. Im Jahr 2008 belief sich die Zahl der Autounfälle auf 218 963. Dabei kamen 4731 Menschen ums Leben, weitere 310 739 haben unterschiedlich schwere Verletzungen davongetragen.« Zusammenfassende Information des ISTAT-ACI über Autounfälle in Italien im Jahr 2008 (http://www.aci.it/fileadmin/documenti/studi_e_ricerche_/dati_statistiche/incidenti/Sintesi_dello_studio_2008.pdf).

Nun ja ...

Viele Menschen leben in der Angst vor dem Möglichen.

Doch woher kommt das?

Daher, wie bereits Patanjali ausführt, *dass die Wahrnehmung das Produkt der Begegnung zwischen Objekt und Selbstbild des Subjekts mit seinen Emotionen ist.*

Es ist unser Selbstbild, das die Angst hervorbringt.

Greift ein Elefant einen Zwerg-Yorkshireterrier an,
kriegt der Hund einen Herzanfall.

Greift der Zwerg-Yorkshireterrier den Elefanten an,
muss der nur müde gähnen.

Wieso ist das so?

Weil Tiere, im Gegensatz zu uns, genau wissen, wer sie
sind.

Der Elefant weiß, dass er ein Elefant ist, und der
Zwerg-Yorkshireterrier weiß, dass er ein Zwerg-Yorkshireterrier ist.

Aus diesem Grund zittert er ja dauernd.

Tiere verfügen nicht über die Fähigkeit des rationalen
Denkens und fabrizieren daher auch keine Selbstbilder,
die nicht mit der Realität übereinstimmen. Deshalb
hirnwichsen sie auch nicht.

Wir hingegen schaffen mit unseren Gedanken ein
mentales Selbstbild von uns, das mit der Realität nichts zu
tun hat.

Es ist dieses Selbstbild, das uns Angst macht.

Die Angst entsteht durch unser Selbstbild.

Wenn Sie durch eine Seitengasse Londons gehen und sich ganz wie jemand fühlen, auf den es Jack the Ripper abgesehen hat, bekommen Sie es mit der Angst zu tun.[11]

Außer Sie sind Queen Elizabeth, die ihren Hund Gassi führt.

Und Sie werden von zweihundert Polizisten eskortiert, die Sie beschützen.

Dann kann Jack the Ripper Ihnen wurscht sein.

Sie gehen einfach Ihrer Wege.[12]

---

11 In diesem Fall aber müssten Sie sich auch wie eine Hure fühlen, denn er schlitzte nur Prostituierte auf.

12 Außer der folgende Fall tritt ein. Neulich abends in einer Seitenstraße von London: Ein Jaguar fährt hinter einem Rolls-Royce und hupt, weil er vorbeiwill. Vergeblich. Endlich kommt die Gelegenheit zu überholen. Der Jaguar zieht am Rolls-Royce vorbei und hält direkt vor seiner Nase. Ein livrierter Chauffeur steigt aus. Auch aus dem Rolls-Royce steigt ein Chauffeur in Uniform. Der Jaguar-Chauffeur: »Guter Mann, haben Sie nicht gehört, dass ich gehupt habe?« Der Rolls-Royce-Fahrer rümpft in guter englischer Manier die Nase und antwortet: »Mir scheint, ich habe eine Hupe gehört ...« Darauf der andere: »Ja, wissen Sie denn überhaupt, wen ich in diesem Jaguar chauffiere?« – »Ich habe nicht die leiseste Ahnung.« – »Herrn Jaguar, den Besitzer der Jaguar-Werke.« – »Oh!« – »Und wissen Sie, wen ich neben Herrn Jaguar, dem Besitzer der Jaguar-Werke, noch fahre?« – »Ich wüsste nicht ...« – »Frau Jaguar, die Gattin von Herrn Jaguar, der Besitzer der Jaguar-Werke ist!« – »Oh!« – »Und wissen Sie, wen ich neben Frau Jaguar und Herrn Jaguar, dem Besitzer der Jaguar-Werke, noch chauffiere?« – »Nein, aber wirklich ...« – »Den jungen Herrn Jaguar, Sohn von Frau Jaguar und Herrn Jaguar, dem Besitzer der Jaguar-Werke!« – »Ach!« – »Und wissen Sie, wer sich neben dem jungen Herrn Jaguar, Frau Jaguar und Herrn Jaguar, dem Besitzer der Jaguar-Werke, noch im Wagen befindet?« – »Nun ...« – »Das Fräulein Jaguar, die Tochter

Wenn Sie sich erwachsen fühlen, fähig, jeder Gefahr zu begegnen, fürchten Sie sich vor nichts.

Ein Erwachsener, fähig, jeder Gefahr zu begegnen,
fürchtet sich vor nichts.

Sie bleiben ruhig.
    Das machen Erwachsene so.
    Sie bleiben ruhig.

Aber wenn Sie sich wie ein *kleines Kind fühlen*, haben Sie *vor allem Angst*.

Kleine Kinder haben vor allem Angst.

Kinder nämlich fürchten sich, lange bevor wirklich etwas passiert.
    Oft sogar, wenn gar nichts passiert.
    Es reicht schon, wenn sie nur daran denken.
    Allein beim bloßen Gedanken an etwas Angst zu haben ist typisch für Kinder.

Angst zu haben vor der bloßen Vorstellung
ist typisch für Kinder.

---

von Frau Jaguar und Herrn Jaguar, dem Besitzer der Jaguar-Werke!« An diesem Punkt entgleisen dem anderen die Gesichtszüge. Er reißt den Wagenschlag des Rolls-Royce auf, packt die Königin an den Haaren, zerrt sie heraus und schreit: »Und was meinst du, was das ist? Ist das vielleicht nichts?«

Doch dem Denken entsprungene Ängste sind nicht real, sondern *imaginäre Befürchtungen*.

Dem Denken entsprungene Ängste sind imaginär.

Und imaginäre Ängste sind Hirnwichsereien.

Imaginäre Ängste sind Hirnwichserei.

Ein Kind steckt voller imaginärer Ängste und Hirnwichsereien.

Diesen Punkt sollten wir uns merken, weil er wirklich wichtig ist:

Imaginäre Ängste sind typisch für Kinder.

Natürlich sind auch imaginäre Ängste grauenhaft.

Tatsächlich ist imaginäre Angst sehr viel schlimmer als reale.

Denn die reale beschränkt sich nur auf wenige Auslöser und Momente.

Die imaginäre Angst hingegen kennt keine Grenzen.

Weder in Zeit noch Raum.

Sie ist Angst *vor allem*.

Und Angst *zu jeder Zeit*.

Das ist der Zustand eines *Kindes*.

Immer und vor allem Angst zu haben ist ein Gemütszustand des Kindes.

Permanent Angst vor allem zu haben
ist ein kindlicher Gemütszustand.

Alle glauben, dass Kinder glücklich sind.

Ganz falsch.

Kinder sind die unglücklichsten Wesen der Welt.

Nach den Zwerg-Yorkshireterriern selbstverständlich.[13]

Sie leiden unter Angst, Unsicherheit, Unruhe, Depression, Beklemmungen und Panikattacken.

So weit, so gut.

Sagt man jedenfalls.

»Gut« im Sinne von »normal«.

Es ist normal, dass ein kleiner Junge diese Seelenzustände hat.

Er ist ein kleiner Junge.[14]

---

13 Einen natürlichen Zwerg-Yorkshireterrier gibt es natürlich nicht. Nicht einmal einen normalen Yorkshireterrier. Kein Hund ist von der Natur geschaffen. Nur wenige Menschen wissen, dass der Hund vom Menschen gezüchtet wurde. Durch Kreuzung von natürlichen Kaniden (Hundeartigen) wie Wolf und Fuchs mit anderen Rassen. Von wem der Pudel abstammt, ist klar. Aber wie sie es wohl geschafft haben, das Schaf ins Lotterbett des Wolfs zu locken? Und der Dackel? Der Windhund? Die Bulldogge? Wer wurde hier wohl mit wem gekreuzt? Allein bei dem Gedanken wird mir schon ganz anders.

14 Ärgern Sie sich nicht, wenn Sie kein kleiner Junge, sondern ein Mädchen sind. Sie wissen ja: In dieser verdammten Macho-Gesellschaft sind Mädchen immer mit gemeint, wenn sie von männlichen oder sächlichen Kategorien spricht. Das hat gar keinen grammatischen Grund. Das ist reine Bosheit gegenüber den Mädchen!

Ein kleines Kind kann allein nicht überleben.
Und hat daher Angst vor allem.
Dann aber wird das Kind groß.
Und wenn es groß wird, vergeht ihm die Angst.
Es hört auf, imaginäre Ängste zu hegen.
Es hat nur noch reale Ängste.
Denn der Erwachsene hat nur wirkliche Ängste.

Der Erwachsene hat nur reale Ängste.

Die durchaus der Erhaltung seiner Unversehrtheit dienlich sind.

Wenn nicht, dann ist es aus mit ihm, sobald er auf den ersten Tiger stößt.

Wenn er nicht groß wird.

Wenn er nicht erwachsen wird.

Wenn er ein Kind bleibt.

Ein Mädchen, genauer gesagt.

Auch wenn längst Achselhaare sprießen.

Und dann?

Was passiert dann?

Das finden Sie im nächsten Kapitel heraus.

Die kindliche Neurose

Wenn Ihnen schon Haare unter den Achseln sprießen und Sie nicht erwachsen werden.[15]

Sie stattdessen Kind bleiben und weiterhin imaginäre Ängste haben.

Angst vor allem.

Dann sind Sie eine Erwachsene, die sich wie ein Mädchen verhält.

Sie sind eine Erwachsene, die sich für ein Mädchen hält.

So wie eine Person, die sich für Napoleon hält.

Aber jemand, der sich für Napoleon hält, ist schlicht und einfach verrückt.

Weil er sich nicht im Einklang mit der Wirklichkeit befindet.

Und das ist eine *Krankheit*.

Sich nicht im Einklang mit der Wirklichkeit zu befinden ist eine Krankheit.

Diese Krankheit nennt man *Neurose*.[16]

---

15 Ich rede von Achselhaaren, weil ich eine Person von Geschmack bin. Ich könnte hier weit wüstere Kriterien anführen.

16 Schon Freud definierte die Neurose als zwanghaftes Verhalten, das nicht im Einklang mit der Realität steht.

*Sich nicht in Einklang mit der Wirklichkeit
zu befinden ist eine Neurose.*

Wer sich für ein Kind hält, obwohl er erwachsen ist, ist ein *Neurotiker*.

Und wer sich dann so verhält, ist *neurotisch*.

*Wer sich wie ein Kind verhält,
obwohl er erwachsen ist, ist neurotisch.*

Weil seine Wirklichkeit nicht mit der Wirklichkeit des Erwachsenen übereinstimmt.

Weiterhin imaginäre Ängste zu hegen, obwohl man kein Kind mehr ist, bedeutet, dass man unter einer *Neurose* leidet.

Im Erwachsenenalter imaginäre Ängste zu hegen ist neurotisch.

Denn imaginäre Ängste zu haben ist ein typisch kindliches Verhalten.

Imaginäre Ängste sind etwas typisch Kindliches.

Wenn Sie im Erwachsenenalter immer noch imaginäre Ängste haben, ist das neurotisch, weil dies ein kindliches Verhalten ist und Sie kein Kind mehr sind.

Daher entspricht Ihr Verhalten nicht der Realität.

Sich wie ein Kind zu verhalten, obwohl man erwachsen ist, ist eine *kindliche Neurose*.

*Eine kindliche Neurose besteht, wenn man sich
wie ein Kind verhält, obwohl man erwachsen ist.*

Die kindliche Neurose besteht dann, wenn die kindliche
Persönlichkeit im Erwachsenen weiterlebt.

*Die kindliche Neurose besteht dann, wenn die kindliche
Persönlichkeit im Erwachsenen weiterlebt.*

Imaginäre Ängste sind das Hauptsymptom der kindlichen
Neurose.

*Imaginäre Ängste sind das Hauptsymptom
der kindlichen Neurose.*

Die kindliche Neurose ist kein Wahn.

Anders als der Wahn ist die kindliche Neurose heilbar.[17]

Wie aber stellt man es an, von der kindlichen Neurose
geheilt zu werden?

Wie stellt man es an, sich von der imaginären Angst
zu befreien?

---

17 Die Unterscheidung zwischen Neurose und Wahn bezieht sich
ebendarauf: Die Neurose ist heilbar, der Wahn nicht. Daraus ergibt
sich, dass die Tätigkeit als Psychotherapeut, der Neurosen kuriert,
befriedigender ist als die Tätigkeit eines Psychiaters, der sich mit
wahnhaften Erkrankungen beschäftigt. Aus diesem Grund habe ich
schon als Kind beschlossen, Psychotherapeut zu werden.

Es gibt nur einen Weg, sich von der imaginären Angst zu befreien.

Aufhören, Kind zu sein, und erwachsen werden.

Der einzige Weg, sich von imaginären Ängsten zu befreien, ist es, aufzuhören, ein Kind zu sein, und stattdessen erwachsen zu werden.

Nur so wird man von der kindlichen Neurose geheilt.

Denn die kindliche Neurose bewirkt, dass wir Kinder bleiben.

Die kindliche Neurose füttert uns mit imaginären Ängsten.

Die kindliche Neurose ruiniert unser Leben.

Die kindliche Neurose führt zu schweren und beeinträchtigenden Störungen.

Die keinesfalls auf die leichte Schulter zu nehmen sind.

Panikattacken, generalisierte Ängste, Zukunftsangst, Depressionen, innere Unruhe, manisches oder phobisches Verhalten, bipolare Störungen, Unsicherheit, chronische Freudlosigkeit.[18]

---

18 Die bipolare Störung oder manisch-depressive Erkrankung besteht darin, dass der Patient regelmäßig von Unruhezuständen in depressive Verstimmungen übergeht und umgekehrt. Die Krankheit gehört zu dem, was man fast als »unberührbare« Krankheiten bezeichnen kann: »Eine epidemiologische Studie, durchgeführt für die Weltgesundheitsorganisation und 1994 veröffentlicht (für die zwei Jahre dauernde Untersuchung wurden über 80 000 Personen, Patienten und medizinisches Personal gleichermaßen, befragt), er-

Die kindliche Neurose ist heute weit verbreitet.

Warum ist es in der Wohlstandsgesellschaft von heute so schwierig, erwachsen zu werden?

Warum?

Weil man, um erwachsen zu werden, sich von den Eltern abnabeln und lernen muss, wie man allein zurechtkommt.

Um erwachsen zu werden, muss man sich von den Eltern abnabeln und lernen, allein zurechtzukommen.

Wie es die Tiere in freier Natur machen.[19]

------

gab folgende Resultate: 1) 15 bis 20 Prozent der italienischen Bevölkerung (etwa drei Millionen Menschen) leiden unter depressiven Verstimmungen. 2) Der Prozentsatz steigt auf 40 bis 50 Prozent (etwa 7,5 Millionen Menschen), wenn man die depressive Symptomatik von Angsterkrankungen und Panikattacken mit einbezieht. (Diese Daten wurde durch direkte Befragung mittels Fragebogen der behandelnden Ärzte erhoben.) 3) In 70 Prozent der Fälle werden die genannten Störungen nicht richtig diagnostiziert. 4) Von den von Depressionen oder ähnlichen Symptomen betroffenen Fällen konsultiert nur eine Minderheit (von insgesamt 18 Prozent, also weniger als eine Million von 7,5 Millionen) entsprechende Spezialisten, in diesem Fall einen Psychiater. 5) Die sozialen Kosten von Depressionen, Angst- und Panikzuständen liegen in Italien bei 8000 Milliarden Euro pro Jahr. 6) Vorbehalte gegen Psychopharmaka sind weit verbreitet. 7) Depressionen, Angst- und Panikzustände sind weit verbreitet, werden selten diagnostiziert und richtig behandelt« (Salvatore Di Salvo: *Il male incurabile*, http://www.depressione-ansia.it/upload/pdf/pub_19126615.pdf).

19 Es gibt ja Leute, die behaupten, der Mensch sei kein Tier. Wenn ich dann allerdings nachhake, was er denn dann sei – ein Engel, ein

Eingeschlossen der Mensch.

Eingeschlossen die Frau.[20]

Natürlich ist das ein Trauma.

Aber ein natürliches und notwendiges Trauma.

In unserer heutigen Wohlstandsgesellschaft allerdings findet diese Abnabelung kaum noch statt.

Warum?

Weil die Eltern es sich in der Wohlstandsgesellschaft erlauben können, die Kinder auch weiter durchzufüttern.

In Italien zum Beispiel bleiben Kinder – nach Berechnungen der Statistikbehörde aus dem Jahr 2000 – volle vierunddreißig Lebensjahre bei den Eltern wohnen.[21]

Italien ist das Land der *Muttersöhnchen*.

Geist oder vielleicht Ektoplasma –, kommt meist keine Antwort. Dann bleibt dem entsprechenden Menschen gewöhnlich der Mund offen stehen. Wie bei einem Nilpferd.

20 Wie üblich ist die Frau schweigend mit gemeint, wenn von *dem* »Menschen« die Rede ist. Aber eben nur »mit«. Und obwohl Stillschweigen sicher noch das Harmloseste ist, dem man sie aussetzt, will ich ja hier eine Revolution anzetteln, deshalb ...

21 Die Trennung von den Eltern, die Voraussetzung für die Unabhängigkeit des Jugendlichen ist, stellt trotz alledem ein *Trauma* dar, auch wenn dies natürlich und für die Entwicklung nötig ist. Wie tief dies geht, hängt ganz von den Eltern ab und davon, ob sie den Prozess unterstützen oder behindern. Je mehr sie ihn behindern, umso traumatischer wird er. Jugendliche haben gewöhnlich ein instinktives Bedürfnis nach Abnabelung und Autonomie, doch besitzergreifende Eltern versuchen häufig, diesen Instinkt zu ersticken. Wieso? Weil sie selbst Kinder sind, die ihre Nachkommen zur Deckung emotionaler Bedürfnisse missbrauchen. Als *Eltern* also. Natürlich wollen sie die Kinder dann nicht loslassen.

Und der kindlichen *Neurose*.

Und der Angst.

Die enorme Verbreitung der kindlichen Neurose in Italien wird sogar von unseren Politikern zur Kenntnis genommen, obwohl diese für gewöhnlich ja nicht gern Panik unter der Bevölkerung verbreiten.[22]

Dieses Verdienst – auf die Verbreitung der kindlichen Neurose in Italien hinzuweisen, meine ich, nicht das der Panikmache – kommt dem ehemaligen Wirtschaftsminister Tommaso Padoa-Schioppa zu.

Hat er nicht als politisches Programm die Parole ausgegeben: »Wir setzen die Muttersöhnchen auf die Straße«?[23]

Walter Veltroni, lange Jahre Bürgermeister von Rom, hat ihn da sofort unterstützt.

Er meinte: »Die Lebensbedingungen dieser jungen Leute sind das Hauptproblem dieses Landes.«[24]

Aber Vorsicht.

Die Eltern zu verlassen hat wenig Sinn, wenn man von einem Elternteil zum nächsten wandert.

Denn vom einen Elternteil zum nächsten zu wandern löst das Problem nicht.

Vom einen Elternteil zum nächsten zu wandern
ist nicht die Lösung des Problems.

---

22 http://www.istat.it/dati/catalogo/20021016_01/fam2000.htm.
23 *Corriere della Sera*, 4. Oktober 2007.
24 Radio *Anch'io,* 5. Oktober 2007.

Wer heiratet, um sozusagen die Eltern zu wechseln, ist nicht geheilt.

Denn eine Ehe zu schließen mit dem Ziel, einen neuen Papa oder eine neue Mama zu bekommen, funktioniert nicht.

Zu heiraten, um einen neuen Papa oder eine neue Mama zu bekommen, funktioniert nicht.

Um erwachsen zu werden, müssen wir lernen, ohne unsere Eltern zurechtzukommen.

Erwachsene müssen ohne ihre Eltern zurechtkommen.

Wer die Eltern auch sein mögen.

Diese Auffassung habe ich in meinem Buch *Alla ricerca delle coccole perdute*[25] beschrieben.

Auf diesem Grundsatz baut eine neue Form der Psychotherapie auf, die ich entwickelt habe: die Entwicklungs-Psychologie[26].

Sie weist nach, dass ein Mensch, der nicht erwachsen wird, Opfer der *kindlichen Neurose* ist.

---

25 Mailand 2004.

26 Der Begriff »Entwicklungs-Psychologie« ist schon seit einiger Zeit in Gebrauch. Doch bislang wurde er hauptsächlich benutzt, um die Psychologie der Entwicklungsjahre zu beschreiben, in der das Kind zum Erwachsenen heranreift. Die von mir begründete Entwicklungs-Psychologie hingegen ist ein völlig neues Fachgebiet, da sie sich mit der ausgebliebenen Entwicklung des Erwachsenen aufgrund seiner kindlichen Neurose beschäftigt.

Und in der Angst lebt.

Viele Leute haben mir nach der Lektüre meines Buches geschrieben und gefragt: »Okay. Und jetzt? Wenn jemand nicht erwachsen geworden und Kind geblieben und neurotisch ist, was soll er dann tun? Sich umbringen?«

Natürlich nicht.

Auch wenn man denken könnte, viele »Kinder«, die als Eltern ihre Kinder missbrauchen, täten eigentlich besser daran.

Zum Wohl der Kinder.

Nein.

Niemand muss sich umbringen.

Es genügt, zu wachsen und erwachsen zu werden.

Aber wie stellt man das an?

Die Instant-Lösung wäre es, sich per Fallschirm in einem Kriegsgebiet absetzen zu lassen und dort ein paar Monate zu bleiben.

Wer dort überlebt, hat sicher die Chance, seine kindliche Neurose ein für alle Mal abzulegen.

Wenn es nicht klappt, muss man eben Geduld haben.

Immerhin braucht man sich eine Weile nicht um das Problem zu kümmern.

Aber das kann schließlich nicht jeder.

Fallschirmspringen ist nun mal nicht so billig.

Viele führen als Entschuldigung an, dass sie die Eltern nicht im Stich lassen können.

Weil es ihnen das Herz brechen würde.

Den Eltern, nicht ihnen.

In Wirklichkeit haben sie Angst, dass *ihnen selbst* »das Herz bricht«.

Vor Angst, die Person zu verlieren, die sie durchfüttert.

Aber schließlich sterben wir doch alle an irgendetwas, nicht wahr?

Und an gebrochenem Herzen zu sterben ist für jemanden, der Angst hat, sich seinen Lebensunterhalt zu verdienen, eine gute Lösung.

Immer noch besser, als umgebracht zu werden.

Aus diesem durchaus nachvollziehbaren Grund springen sie nicht mit dem Fallschirm über einem Kriegsgebiet ab.

Ich habe dafür vollstes Verständnis.

Und bin total solidarisch mit ihnen.

Denn es ist nicht die Schuld der Kinder, wenn sie verwöhnte Bälger werden.

Die Schuld liegt bei den Eltern, die sie nicht loslassen können.

Die Schuld liegt nicht bei den Muttersöhnchen,
sondern bei den Eltern, die sie nicht loslassen.[27]

Es ist Aufgabe der Eltern, die Kinder gehen zu lassen.

Nachdem sie ihnen beigebracht haben zu überleben.

Wie es auch in der Natur geschieht.

---

27 Hier sei nun der Gerechtigkeit halber angefügt, dass es auch »Muttertöchterchen« gibt.

Doch sie tun es nicht.

Sie lassen die Kinder zwei Ausbildungen machen.

Vier Zusatzausbildungen.

Drei Master.

Fünf Praktika.

Nur um sie nicht loslassen zu müssen.

Wenn sie ihnen ein Bein brechen müssten, um sie zu Hause festzuhalten, würden sie das tun.

Die Schamlosesten sorgen dafür, dass sie fürchterliche psychosomatische Krankheiten bekommen.

Akne, Schuppenflechte, neurovegetative Dystonie und empfindliche Füße.

Und so soll man dann rumlaufen!

Außerdem ziehen sie ihre Nachkommenschaft an wie zurückgebliebene Kinder.

Die Ärmel sind meistens länger als der Arm.

Das T-Shirt reicht nicht über den Bauch, der Rock nicht über den Po.

Bei den Mädchen.

Schuhe, die größer sind als der Kopf.

Hosen, bei denen der Hosenboden knapp oberhalb der Knie hängt.

Bei den Jungs.

Und mit leeren Rucksäcken über der Schulter.

Und Knöpfchen im Ohr und dem iPod, der ihnen wie ein Wecker um den Hals hängt.

Wer sollte sie denn haben wollen, so ausstaffiert?

Selbst wenn sie ausbüxen wollten, würden sie das nicht hinkriegen.

Nach zehn Minuten würde man sie wieder nach Hause zurückbringen.

Sieht doch jeder, dass die zurückgeblieben sind.

Nichts zu machen.

Die Eltern lassen sie einfach nicht los.

Sie machen Idioten aus ihnen, aber losgelassen wird nicht.

Da muss man doch was tun.

Man muss sie befreien.

Wir müssen uns was überlegen, damit wir sie befreien können.

Und genau das habe ich getan.

Ich habe die Entwicklungs-Psychotherapie begründet.

Der das folgende Kapitel gewidmet ist.

Die Entwicklungs-Psychotherapie

Die Entwicklungs-Psychotherapie erlaubt uns, eine Erwachsenen-Persönlichkeit zu entwickeln, ohne mit dem Fallschirm über einem Kriegsgebiet abspringen zu müssen.

Oder die Eltern zu ermorden.

Was eine enorme Geldersparnis bedeutet.

Kein Fallschirm. Kein Sarg.

Der wichtigste Gesichtspunkt ist natürlich, dass die Sache tatsächlich auch funktioniert.

Die Entwicklungs-Psychotherapie heilt alle Neurosen mit Symptomen wie generalisierter Angst, Panik, Depression, Bipolarität, Angst- und Unruhezuständen, manischen oder phobischen Verhaltensweisen.

Weil all diese Probleme letztlich auf ein einziges zurückzuführen sind.

Die *kindliche Neurose.*

Generalisierte Angst, Panik, Depression,
bipolare Störungen, Angst- und Unruhezustände,
manische oder phobische Verhaltensweisen sind Symptome
einer kindlichen Neurose.

Einer Neurose folgendergestalt, bei welcher sich der Erwachsene eine kindliche Persönlichkeitsstruktur bewahrt hat.

Doch was das angeht, tappen die Psychotherapeuten im Dunkeln.

Sie verstehen einfach nicht, warum diese Symptome bestehen und woher sie kommen.

Sie merken, dass da eine Neurose besteht, doch sie können sie nicht einordnen.

Je nachdem, durch welche Ausbildung sie konditioniert wurden, kleben sie ihr ein Etikett auf und interpretieren sie dementsprechend.

»Angstneurose.«

»Depression.«

»Ängstlich-depressive Störung.«

»Manische Störung.«

»Phobische Störung.«

Und so weiter.

Aber das sagt gar nichts.

Denn es sagt nichts über die Ursache.

Es beschreibt nur die Symptome.

Jeder Therapeut beschreitet daher einen anderen Therapieweg.

Je nachdem, wie er ausgebildet wurde.

Am Ende aber steht keine Heilung.

Heute werden in der Psychotherapie insgesamt etwa zehn verschiedene Methoden angewendet.

Jede Methode wurde für einen bestimmten Fall entwickelt.

Der Therapeut müsste herausfinden, welche Methode für welchen Fall die richtige ist.

Aber die einzelnen Methoden wurden von ganz verschiedenen Schulen entwickelt, unter denen es nicht nur keinen Austausch gibt, sondern die sich sogar noch gegenseitig ignorieren.

Jeder Psychotherapeut kennt und verwendet nur die Methode, in der er ausgebildet wurde.

Für den Patienten bedeutet das im Endeffekt eine Art russisches Roulette.

Wenn der Patient das Glück hat – in einem von zehn Fällen –, den richtigen Therapeuten zu finden, findet er Heilung.[28]

Wenn nicht, zahlt er monate-, ja, jahrelang für sinnlose Therapiesitzungen.

Und wird nicht geheilt.

Aus diesem Grund gilt die Psychotherapie weitgehend als nutzlose Therapie.

Ich habe mit allen bekannten Methoden gearbeitet.

Aber als ich sie auf die kindliche Neurose anwandte, musste ich feststellen, dass man in diesem Fall damit nicht weiterkommt.

Weil sie alle gesprächsbasiert sind.

Doch mit Reden allein ist noch kein depressiver Mensch gesund geworden.[29]

---

28 Eine gute Orientierung in der Welt der Psychotherapie bietet Joel Kovel in *Kritischer Leitfaden der Psychotherapie*, Frankfurt a. M. 1988.

29 Die Arbeit des Psychotherapeuten reduziert sich heute vor allem auf eines: Er animiert den Patienten zum Reden und wirft gelegent-

Auch kein Angstpatient.

Kein Manisch-Depressiver.

Keiner mit Panikattacken.

Und kein Phobiker.

In jüngster Zeit erzielt die Gesprächstherapie ohnehin kaum Erfolge.

Von der guten alten Psychoanalyse mal abgesehen, die Hysteriker Freud'schen Musters immer noch heilen kann.

Patienten, die in der Kindheit oder Jugend ein sexuelles Trauma erlitten haben.

Leider haben wir es nur in sehr wenigen Fällen mit Hysterie zu tun.

Menschen, die heute unter generalisierter Angst, Panikattacken, Depressionen, bipolaren Störungen, Angst- und Unruhezuständen, manischen oder phobischen Störungen leiden, haben gewöhnlich kein sexuelles Trauma erlitten.

Es gab keine sexuellen Übergriffe vom Onkel oder vom Nachbarn im dritten Stock.

---

lich etwas ein. Was, ist völlig egal. Wichtig ist nur, dass er dem Patienten etwas sagt. Der Patient erwartet das. Wenn es etwas halbwegs Intelligentes ist, woran der Patient selbst noch nicht gedacht hat, steht der Therapeut bald im Ruf, ein Genie zu sein. Doch der Patient will vor allem, dass man ihm zuhört. Dies ist der eigentliche Grund, warum er zum Psychotherapeuten geht. Er will, dass ihm jemand zuhört. Denn es hört ihm ja sonst keiner zu. Er hat es mit dem Kassenarzt versucht und ihm sein Leid geklagt: »Herr Doktor, niemand hört mir zu.« Worauf der antwortete: »Ich verstehe. Der Nächste bitte.«

Und, man kann es kaum fassen, nicht mal vom Nachbarn im ersten Stock.

Alles, was geboten ist, ist die *kindliche Neurose*.

Und dieser liegt kein Trauma zugrunde.

Der kindlichen Neurose liegt kein Trauma zugrunde.

Sie beruht auf einer unterbliebenen natürlichen Entwicklung.

Es kam zu keiner Entwicklung einer Erwachsenen-Persönlichkeit.

Sodass die kindliche Persönlichkeit bestehen blieb.

Dies kann nur geheilt werden, wenn man die fehlende Entwicklung sozusagen »nachliefert«.

Mit Hilfe der Entwicklungs-Psychotherapie.

Die Entwicklungs-Psychotherapie ist eine großartige Therapie.

Natürlich werde ich erst das Zeitliche segnen müssen, bevor sie anerkannt und in alle Welt verbreitet wird.

Das ist immer so.

Die Größe der *Göttlichen Komödie* wurde ja auch erst nach Dantes Tod erkannt.

Zu seiner Zeit galt das Werk als Feuilletonroman.

Mit diffamatorischem Inhalt.

Außerdem recht tendenziös.

Keiner hat es je ganz gelesen.

Ich könnte noch viel mehr Fälle postumer Anerkennung nennen, beschränke mich an dieser Stelle aber auf Dante, denn eines habe ich mit ihm gemeinsam.

Ich bin nämlich auch ein Freund der gesprochenen Sprache.

Bei uns heißt die übrigens *volgare*, und sie kann mitunter tatsächlich ganz schön »vulgär« sein.

Ich hoffe ja, dass sich später irgendjemand daran erinnern wird, dass ich das erfunden habe.

Die Entwicklungs-Psychotherapie natürlich, nicht die gesprochene Sprache.

Ich möchte schließlich nicht enden wie Meucci.

Das ist der Typ, der das Telefon erfand, und am Ende hat Bell die Erfindung geklaut.

Er hat Bell Telephone gegründet und ist Milliardär geworden.

Während Meucci sein Leben damit zugebracht hat, ihn gerichtlich zu verfolgen, und dabei völlig auf den Hund gekommen ist.[30]

---

30 »Am 7. März 1876 meldete Alexander Graham Bell *sein* Telefon zum Patent an. Meucci strengte einen Prozess an, doch weil er damals bereits vollkommen verarmt war, verlor er ihn. Der Richter meinte, Meucci habe ein mechanisches Telefon erfunden, während das Modell von Bells Patent elektrisch sei.« Was nicht stimmte. Meucci war echt ein Pechvogel. »Er war in die revolutionären Bestrebungen des Jahres 1831 verwickelt und landete wegen seiner politischen Überzeugungen im Gefängnis. Dann musste er das Großherzogtum Toscana verlassen und nach Kuba emigrieren, wo er 1835 am Tacon-Theater von Havanna eine Anstellung fand. Das Theater ging in Flammen auf, Meucci hatte keine Arbeit mehr und emigrierte in die Vereinigten Staaten. 1845 zog er nach Clifton im Staat New York, wo er eine Kerzenfabrik eröffnete ... Als die Kerzenfabrik pleiteging, befand Meucci sich plötzlich in finanziellen Schwierigkeiten. Da er von Zuwendungen seiner Freunde lebte, hat-

Aber ich habe dieses Buch nicht zu diesem Zweck geschrieben.

Um auf den Hund zu kommen, meine ich.

Oder von der Nachwelt verehrt zu werden.

Ich habe es geschrieben, um den Menschen zu helfen, die unter dieser schrecklichen Krankheit leiden.

Der *kindlichen Neurose*.

Beziehungsweise der *imaginären Angst*.

Die nur überwunden werden kann, wenn man erwachsen wird.

Die imaginäre Angst kann nur überwunden werden, wenn man erwachsen wird.

Denn als Erwachsener hat man keine imaginären Ängste.

Ein Erwachsener hat keine imaginäre Angst.

---

te er nicht genug Geld, um sein *telettrofono* (wie er es genannt hatte) patentieren zu lassen.« Das lag vielleicht am Namen, der wirklich scheußlich ist. Aber wie üblich fällt in der Geschichte die Frau unter den Tisch. Die hatte es nämlich wirklich schwer. Sie war ihr Leben lang Opfer einer psychosomatischen Krankheit, nur weil sie ihn geheiratet hatte. »Er arbeitete als Zollbeamter und später als Bühnentechniker am Teatro della Pergola, wo er Ester Mochi, seine zukünftige Frau, kennenlernte ... Gegen 1854 baute er den ersten Prototyp seines Telefons, um von seinem Büro aus mit seiner Frau kommunizieren zu können, die durch eine schwere Krankheit ans Bett gefesselt war.« Konnte er denn nicht einfach die paar Schritte zu ihr raufgehen? (Der Text stammt aus http://it.wikipedia.org/wiki/Antonio_Meucci.)

Und wenn die imaginäre Angst das Hauptsymptom der kindlichen Neurose ist, dann müssen wir die kindliche Neurose heilen, um die imaginäre Angst loszuwerden.

»Das ist elementar, mein lieber Watson!«

Doch eine Neurose kuriert man mit *Psychotherapie*.

Ebenso, wie die imaginäre Angst nur durch Psychotherapie geheilt werden kann.

Imaginäre Angst kann nur durch Psychotherapie geheilt werden.

Dieses Buch soll Ihnen zeigen, wie man imaginäre Ängste mit Hilfe der Psychotherapie heilen kann.

Im Speziellen mit Hilfe der *Entwicklungs-Psychotherapie*.

Dieses Buch ist ein Manifest der Entwicklungs-*Psychotherapie*. So wie *Alla ricerca delle coccole perdute* ein Manifest der Entwicklungs-*Psychologie* war.

Das eine geht notwendig aus dem anderen hervor.

Die Entwicklungs-Psychotherapie erlaubt, von imaginären Ängsten frei zu werden, die typisch für das Kind sind.

Die Entwicklungs-Psychotherapie ermöglicht es, von imaginären, für das Kind typischen Ängsten frei zu werden.

Denn sie macht es möglich, sich durch den *therapeutischen Prozess* von der kindlichen Persönlichkeit zu einer Erwachsenen-Persönlichkeit zu entwickeln.

41

Die Entwicklungs-Psychotherapie ermöglicht es, sich von der kindlichen zu einer Erwachsenen-Persönlichkeit zu entwickeln.

Die Entwicklungs-Psychotherapie ist eine kognitive Verhaltenstherapie.[31]

Weil sie den Aufbau eines realen *Selbstbilds* ermöglicht und daher einen *kognitiven* Prozess darstellt.

Doch was man damit erreicht, ist vor allem eine *Verhaltensänderung.*

Die Methode der Entwicklungs-Psychotherapie ist das, was in der neurolinguistischen Programmierung (NLP) mitunter fälschlich als »Hypnose« bezeichnet wird.[32]

Außerdem verwendet sie Methoden der Gestalttherapie.[33]

---

31 Die kognitive Verhaltenstherapie wurde in den Sechzigerjahren von Aaron T. Beck begründet: *Kognitive Therapie der Persönlichkeitsstörungen,* Weinheim 1995.

32 Die neurolinguistische Programmierung (NLP) wurde in den Achtzigerjahren von Richard Bandler und John Grinder begründet: *Therapie in Trance: Hypnose – Kommunikation mit dem Unbewussten,* Stuttgart 1989. Der Begriff »Hypnose«, wie er gelegentlich bei der NLP verwendet wird, ist irreführend, da bei der Hypnose ein schlafähnlicher Zustand angestrebt wird, in der NLP aber nur eine leichte Trance eingeleitet wird. Dabei bleibt das Subjekt bewusst, auch wenn es schlummert, was das Unbewusste in einen Zustand besonderer Aufmerksamkeit versetzt.

33 Die Gestalttherapie geht auf Fritz Perls und seine Frau Laura zurück und entstand in den Vierzigerjahren in New York. Sie baut auf den psychotherapeutischen Ansätzen von Freud, Jung und Reich auf, bezieht aber auch Ergebnisse der Feldtheorie von Lewin mit ein und die philosophischen Erkenntnisse des Existenzialismus, der Phäno-

Die innere Entwicklung, die die Entwicklungs-Psychotherapie vorantreiben möchte, folgt dem Modell der Psychosynthese.[34]

Die verschiedene Persönlichkeitsanteile unterscheidet und diese zu therapeutischen Zwecken nutzt.

Außerdem bezieht die Entwicklungs-Psychologie die Archetypen des Kollektiven Unbewussten ein, die von der *analytischen Psychologie* beschrieben wurden.[35]

Und Atemtechniken sowie Mantras aus der Tradition des Buddhismus und des Yoga.

Die Entwicklungs-Psychologie konzentriert sich, wie die Psychotherapie nach Rogers, im therapeutischen Prozess nicht auf den Therapeuten, sondern auf das Subjekt.[36]

In der Entwicklungs-Psychotherapie fungiert der Therapeut nicht als Manipulator, sondern als Katalysator.

---

menologie und der Gestaltpsychologie, die ihr den Namen gab. Siehe http://de.wikipedia.org/wiki/Gestalttherapie.

34 Die Psychosynthese wurde in den Sechzigerjahren von Roberto Assagioli begründet. Siehe Roberto Assagioli: *Psychosynthese*, Reinbek 1993.

35 Die analytische Psychologie wurde zu Beginn des 20. Jahrhunderts von C. G. Jung begründet. Siehe C. G. Jung: *Die Archetypen und das kollektive Unbewusste*, Ostfildern 2011.

36 Die Psychotherapie nach Rogers wurde von C. R. Rogers in den Fünfzigerjahren begründet. Siehe C. R. Rogers: *Die klientenzentrierte Gesprächspsychotherapie*, Frankfurt a. M. 2009.

Die Entwicklungs-Psychotherapie zielt auf die Verwirklichung eines Selbstbilds ab, wie es von der *Psychokybernetik* angestrebt wird.[37]

Wie die Freud'sche Psychoanalyse vermeidet die Entwicklungs-Psychotherapie die Übertragung oder die Funktion des Therapeuten als Übervater.[38]

Gleichzeitig stellt die Entwicklungs-Psychotherapie einen völlig neuen Therapieansatz dar.

Der nicht auf dem Gespräch beruht, sondern auf dem Mittel der *Suggestion*.

Sie wirkt nicht auf den bewussten Teil unser selbst, sondern auf das *Unbewusste*.

Und sie arbeitet nicht mit den rationalen Persönlichkeitsanteilen, sondern mit den *emotionalen*.

Das zentrale Instrument, mit dem sie arbeitet, ist das *Training zur Entwicklung der Erwachsenen-Persönlichkeit*.

Das Training zur Entwicklung einer Erwachsenen-Persönlichkeit funktioniert.

Wie das eine Person bezeugt, die es ausprobiert hat:

---

37 Die Psychokybernetik wurde in den frühen Sechzigerjahren von Maxwell Maltz begründet. Siehe Maxwell Maltz: *Erfolg kommt nicht von ungefähr. Psychokybernetik*, Düsseldorf 1993.

38 Die Psychoanalyse nach Freud wurde zu Beginn des 20. Jahrhunderts begründet und war – vor allem in den USA – lange Zeit die alles beherrschende Methode in der Psychotherapie. Siehe Sigmund Freud: *Elemente der Psychoanalyse* und *Anwendungen der Psychoanalyse*, Frankfurt a. M. 2006. Zur Rolle der Übertragung siehe H. Racker: *Übertragung und Gegenübertragung*, München 1997.

> *Das Training (das ich korrekt durchgeführt habe)*
> *stellt eine enorm wirksame Psychotherapie dar. Es*
> *kann Krankheitsbilder wie Panik-Unruhezustände,*
> *Depressionen, Phobien und psychosomatische Krank-*
> *heiten innerhalb weniger Monate beheben. (Doch*
> *dazu muss es vollständig durchgeführt werden, ein*
> *paar Monate lang täglich.)[39]*

Das Training zur Entwicklung einer Erwachsenen-Persönlichkeit hat schon Hunderte Menschen geheilt.

In diesem Buch wird das Prinzip bis ins Detail beschrieben.

Sodass alle es anwenden können.

Allerdings kann jeder sein eigenes Modell entwickeln.

Sobald man die Vorgehensweise kennt, ist es so einfach, wie ein Kind zu erdrosseln.[40]

---

39 Mark8Fi, 20. Januar 2009, Forum der Webseite www.giuliocesare-giacobbe.org.

40 Ich weiß, das hört sich brutal an, aber ebendarum geht es: das Kind zu erdrosseln, das im Träger der kindlichen Neurose steckt und mit seinen Ängsten dessen Leben zerstört, ja, ihn daran hindert, gesund, frei und glücklich zu sein.

Der Tangotänzer

Ich bin ein Tangotänzer.

Und ich bin Argentinier.

Italienischer Abstammung, aber trotzdem Argentinier.

Ich habe den Tango sozusagen im Blut.

Und auf der Haut.

Natürlich tanze ich einen göttlichen Tango.

Die Frauen werden in meinen Armen ohnmächtig.

Ich ziehe sie hoch, drehe sie um und lasse sie die netzbestrumpften Beine heben.

Ich lasse sie die Beine hochwerfen, dass den Kerlen im Publikum die Augen aus dem Kopf fallen.

Ich lasse sie ihr Spitzenröckchen heben, dass man die Spitzenhöschen sieht.

Ich lasse sie herumwirbeln wie die Pferdchen auf dem Kettenkarussell.

Und wenn ich sie am Ende ganz nach hinten biege, werden sie ohnmächtig. In meinen Armen.

Scharfe Sache!

So trete ich auf in den Tangosälen.

Ein Tangotänzer eben.

Die Frauen kleben an mir wie die Fliegen am Fliegenfänger.

Ich bin das Luder.

Die Typen schauen mich immer auf eine ganz bestimmte Weise an, mit gesenkten Augenlidern ...

Weil sie es spüren, dass ich ein Luder bin.

Mein Blick ist tief und verführerisch.

Niemand kann mir widerstehen.

Ich bin ein echter Vamp.

Ich verführe sie alle.

Männer, Frauen, Alte, Kinder.

Aber vor allem Männer natürlich.

Mit den Frauen bin ich befreundet.

Ich habe keine Angst vor ihnen.

Ich bin ihnen überlegen.

Ich bin ein Luder.

Sie sind bloß Frauen.

Ich empfinde Zärtlichkeit für sie.

Und eine gewisse Komplizenschaft.

Mit anderen Ludern aber verstehe ich mich blendend.

Zu den Alten bin ich nett.

Eine fürsorgliche und rücksichtsvolle Krankenschwester.

Eine liebevolle Mutter.

Aber für die Kerle bin ich ein Miststück.

Ein Luder und damit basta.

Was anderes interessiert die auch gar nicht.

Ich bin so, wie sie mich wollen.

Die Sexbombe eben.

Ich mache alles, was ich will.

Ist natürlich alles Show.

Konkret werde ich nur, wenn es mir in den Kram passt.

Doch die Show ist mein Leben.

Weil ich ein Miststück bin.

Weil es, liebe Mädels, einfach geil ist, ein Luder zu sein.

Göttlich geil, um genau zu sein.

Ich bin der Formel-1-Pilot.

Wenn ich mich ans Steuer meines Jaguar-Coupé XKR mit seinen 400 Pferdestärken setze, fühle ich mich wie Schumacher.

Von null auf hundert in vier Sekunden.

Ich fahre vorsichtig.

Vorsichtig, aber mit Vollgas.

Ich halte mich an die Straßenverkehrsordnung.

Die anderen nicht.

Die Alten zum Beispiel, die mit Fiat Panda und Hut auf dem Kopf mit siebzig Stundenkilometern von Mailand nach Rom zuckeln. Auf der Überholspur und mit eingelegtem Dauerblinker.

Wenn ich hinter ihnen bin, dann sorge ich schon dafür, dass sie sich in die Hosen machen.

Ich blende ein paar Mal auf, dass es bei ihnen im Spiegel funkelt, und setze mich fünf Zentimeter hinter ihre Heckstoßstange.

Ich lasse mir Zeit.

Und warte.

Denn die alten Knacker mit Hut schauen fast nie in den Spiegel.

Bis sie mich schließlich sehen.

In diesem Moment geht es ihnen in die Buxe.

Ich lasse den Wagen abwechselnd nach rechts und nach links ausbrechen.

Sie wissen nicht, was das soll.

Und sie gehen nicht runter von der Überholspur, weil sie Idioten sind, unverschämte Idioten.

Sie sind überzeugt, dass die Straße ihnen gehört und dass sie da tun und lassen können, was sie wollen.

Dafür haben sie ihren eigenen Satz, den wirklich jeder dieser Idioten bemüht: »Die Straße gehört schließlich allen.«

Soll heißen: »Die Straße gehört mir.«

In diesem Moment lege ich so richtig los.

Mit der Dreiklang-Kompressor-Fanfare (irres Wort, nicht wahr?). Hört sich an wie die Hupe eines Sattelschleppers.

Dreihundert Dezibel.

An diesem Punkt fängt der vollgekackte alte Herr an, in seinem Brei herumzurutschen.

Bis die alte Dame ihn überzeugt, nach rechts zu fahren und sich überholen zu lassen.

Wegen des Geruchs.

Wenn die alten Säcke keine Ehefrauen dabeihaben, dann schalten sie auf stur. Dann überhole ich sie eben rechts.

Aber so, wie sich's gehört.

Knapp, schnell und dann wieder rüber.

Ich brauche dafür nicht länger als zehn Sekunden.

So gehört sich das.

Das ist die Straßenverkehrsordnung.

Und wenn ich wieder auf der Geraden bin und niemand vor mir ist, drücke ich auf die Tube.

Aber immer schön rechts.

Könnte ja sein, dass ein Nuvolari[41] hinter mir ist und überholen will.

Ich lasse jeden überholen.

Wie sich das gehört, wenn man sich an die Straßenverkehrsordnung hält.

Wenn sie es denn schaffen, mich zu überholen.

Hä, hä, hä ...

Ich bin eben ein echter Formel-1-Typ.

In der Kurve schalte ich so butterweich, dass es eine Freude ist.

Beim Anfahren wie beim Ausfahren.

Präzise wie eine Rasierklinge.

Ein echter Rennfahrer eben.

Ein Formel-1-Typ.

Gegen mich ist Schumacher doch eine Pfeife.

Ich bin die Managerin.

Die beste natürlich.

Schnell, effizient, präzise, perfekt.

Eine echte Führungskraft.

---

41 Tazio Giorgio Nuvolari (1892–1953), italienischer Motorrad- und Automobilrennfahrer.

Die Männer überhole ich mit links, dass ihnen die Kinnlade runterfällt.

Natürlich bin ich nett zu ihnen. Immer alles schön mit einem Lächeln garnieren.

Einem verächtlichen Lächeln.

Von oben herab.

Auch weil ich eine Bohnenstange bin (volle 1,65 Meter, um genau zu sein).

Ein Managertyp eben.

Der Boss.

Sie müssen nun mal wissen, wo ihr Platz ist.

Denn der Boss bin ich.

Eigentlich »die Bossin«, aber ...

Ich bin immer tadellos gekleidet.

Natürlich im Kostüm.

Aber absolut top.

Bei mir denkt keiner an das Eine.

Ein Blick genügt.

Eis, sage ich da nur.

Knallhart. Wie ein Richter in der letzten Instanz.

Da stehen sie dann, als hätten sie einen Stock verschluckt.

Ich führe nämlich die Verhandlungen.

Ich bin flexibel, aber entschlossen.

Offen, aber kompromisslos.

Strahlend, aber kalt.

Wie ein Diamant.

Im Moment bin ich Verkäuferin im Kaufhaus.

Aber das ist nur für den Augenblick.

Ich bin schlau.

Mata Hari ist eine Anfängerin gegen mich.

Ich bin nämlich die Allerschlauste.

Ich bin eine Agentin des KGB.

Es reicht, wenn ich die Leute anschaue, dann weiß ich alles über sie.

Was sie denken.

Was sie wollen.

Ich tue so, als könnten sie es haben.

Aber im letzten Augenblick dann, zack!

Und schon ist der Kopf ab.

Die glauben wohl, sie könnten mich verarschen?

Ich tue ja immer so, als ob.

Dann sind sie weniger auf der Hut.

Und wenn sie es am wenigsten erwarten – zack!

Ich ziehe sie über den Tisch.

Mich verarscht nämlich keiner.

Ich bin eine Agentin des KGB.

Der Million-Dollar-Knabe will mich ins Bett schleifen?

Ich habe ihn in dem Glauben gelassen.

Bis zum letzten Moment.

Ich habe ihm gezeigt, was ich habe.

Er durfte sogar kosten.

Wie in den Filmen, in denen sie die Koffer voller Drogen öffnen und herzeigen.

Und der Käufer steckt den Finger rein und leckt ihn ab.

Gut, nicht?

Willst du's haben?

Wie viel bekomme ich dafür?

Einen Brillantring.

Okay.

Verabredung im Grand Hotel.

Um Mitternacht.

Wir gehen auf sein Zimmer.

Mit Blick aufs Meer.

Atemberaubend.

Er zieht den Ring aus der Tasche.

Ich hole die Diamantlupe heraus und schaue mir das Ding an.

Denn von Steinen verstehe ich was.

Die sind mein täglich Brot.

Diamonds are a girl's best friends.

Der Ring ist ganz okay.

Geh ruhig ins Bad, Schatz.

Ich weiß ja, dass du erst dein Viagra nehmen musst.

Ich warte auf dich.

Es dauert nur eine Sekunde.

Ich verschwinde über die Hintertreppe.

Im Aufzug würde er mich leichter erwischen.

Aber dazu bin ich zu schlau.

Ich bin eine Agentin des KGB.

Auch wenn ich bei der Krankenkasse arbeite.

Das ist nur Tarnung.

Ich bin ein Marine.

Ein harter Soldat.

Letztens im Morgengrauen, es war noch ziemlich dunkel, kommt der Sergeant rein und macht Inspektion.

Wir sind alle in Habtachtstellung.

Er pflanzt sich vor dem Ersten auf und drischt ihm die Faust ins Gesicht.

»Ist was?«

»Nichts, Sergeant.«

»Warum?«

»Weil ich ein Marine bin, Sergeant.«

»Guter Mann.«

Dem Zweiten schlägt er die Handkante gegen den Hals.

»Ist was?«

»Nichts, Sergeant.«

»Warum?«

»Weil ich ein Marine bin.«

»Guter Mann.«

Den Dritten boxt er mit der Faust in den Bauch.

»Ist was?«

»Nichts, Sergeant.«

»Wieso?«

»Weil ich ein Marine bin, Sergeant.«

Mir können sie ein Bajonett in den Rücken rammen, ich zucke nicht mal zusammen.

Das Selbstbild

*Die Wahrnehmung ist das Produkt der Begegnung
zwischen Objekt und Selbstbild des Subjekts mit seinen Emotionen.*

Patanjali, Yoga-Sutra, IV, 23
(2. Jahrhundert v. Chr.)

Was wir hier – überzeichnet dargestellt – im Ansatz sehen, sind verschiedene Beispiele für *Selbstbilder*.

Auch Momentaufnahmen von Selbstbildern.

Wie Prêt-à-porter-Kleider.

Man zieht sie zu bestimmten Gelegenheiten an.

Wir leihen sie uns aus: vom Kino, vom Fernsehen, von
Büchern, von der Umwelt.

Wunderbare Bilder.

Denn das Bild, das wir von uns selbst haben, bestimmt unser Verhalten.

Und nicht nur das.

Unsere Reaktionen.

Unsere Gefühle.

Auch unser Denken.

In einem Wort: unser Leben.

Unser Selbstbild ist alles.

Wir sind unser Selbstbild.

Wir sind wirklich nichts anderes.

Wenn wir uns fragen: »Wer bin ich?«, was antworten wir dann?

Wir beschreiben unser Selbstbild.

Ich bin Bankangestellter, Single und Genussmensch.

Ich bin ein Arbeiter, der von seiner Fabrik ausgebeutet wird.

Ich bin eine liebevolle und fürsorgliche Mutter.

Ich bin ein einsames und unglückliches Mädchen.

Das alles sind *Selbstbilder*.

Schön oder traurig, aber trotzdem: Selbstbild.

Wir sind unser Selbstbild.

Unser Selbstbild ist unser Ich.

Und es ist unser Leben.

Unser Selbstbild ist unser Leben.

Nur wissen wir das nicht.

Wir erkennen es nicht.

Wir glauben, dass unser Glück von der Welt abhängt.

Von dem, was passiert.

Von den anderen.

Aber kein bisschen.

Es hängt von unserem Selbstbild ab.

Unser Glück hängt von unserem Selbstbild ab.

Wenn Sie sich wie ein Tangotänzer fühlen, dann betreten Sie den Tanzsaal, und die Frauen fallen in Ihren Armen in Ohnmacht.

Auch wenn Sie am Ende nicht eine davon wirklich rumkriegen.

Denn wenn sie ohnmächtig sind, wirft das in dieser Hinsicht gewöhnlich nichts ab.

Wenn Sie das Gefühl haben, ein Luder zu sein, dann stöckeln Sie im Minirock auf High Heels die Straße hinunter.

Rechts und links fallen die Männer wie Kegel beim Bowling.

Und Sie sind die Kugel.

Wenn Sie das Gefühl haben, auf der Autobahn des Lebens als Formel-1-Pilot unterwegs zu sein, dann können Sie einen Panda haben, Sie werden ihn fahren wie einen Ferrari.

Wenn Sie sich wie die Managerin eines multinationalen Konzerns vorkommen, dann tragen Sie jeden Tag Kostümchen, auch wenn Sie damit nur einkaufen gehen. Und Sie tragen Stelzen, von deren Höhe Ihnen diese Ein-Meter-siebzig-Frauen wie Zwerginnen vorkommen.

Und wenn Sie eine Agentin des KGB sind, dann lassen Sie sich von niemandem verarschen, schon gar nicht von den Ablesern der Stadtwerke, die so tun, als läsen sie das Gas ab, in Wirklichkeit aber tragen sie die Zahlen vom Wasserzähler ein.

Sie wickeln diese Kerle um den Finger wie nix.

Mit und ohne Ring.

Auch wenn Sie Angestellte bei der Sozialversicherung sind.

Das ist nur Tarnung.

Wenn Sie sich als Elitesoldat fühlen, dann stecken Sie Prügel ein, ohne auch nur einen Laut von sich zu geben.

Man kann Sie foltern, beleidigen, treten.

Sie rücken mit aufgepflanztem Bajonett vor, bis Sie es irgendwo hineinrammen können.

Weil Sie ein Marine sind.

Weil Sie eine Agentin des KGB sind.

Weil Sie die Managerin sind.

Weil Sie Formel-1-Fahrer sind.

Weil Sie ein Luder sind.

Weil Sie ein Tangotänzer sind.

Denn es hat keinerlei Bedeutung, was Sie wirklich sind oder machen.

Wichtig ist, was Sie *zu sein glauben*.

Denn in Wirklichkeit sind Sie das, wofür Sie sich halten.

> *Wichtig ist, was Sie zu sein glauben,*
> *denn wir sind das, wofür wir uns halten.*

Wenn Sie ein Obdachloser sind, sich aber fühlen wie ein König, dann sind Sie glücklich.

Wenn Sie Bankdirektor sind, sich aber als Versager fühlen, sind Sie unglücklich.

Dasselbe gilt fürs Alter.

Denn wir sind so alt, wie wir uns fühlen.

Wir sind so alt, wie wir uns fühlen.

Obwohl dieses Alter selten mit der wirklichen Anzahl unserer Jahre übereinstimmt.

Aber was heißt schon »wirklich«?

Gibt es denn die Wirklichkeit?

Natürlich gibt es die Wirklichkeit, die Frage ist nur, wie sie wirklich ist.

Auf diese Frage finden wir gewöhnlich keine Antwort.

Wir können nicht wissen, wie die Wirklichkeit ist.

Denn wir sind mittendrin.

Wir sind Schauspieler.

Figuren eines Stückes.

Die Protagonisten einer Komödie können das Geschehen nicht kommentieren.

Sie müssen spielen.

Leben.

Mit den Emotionen ihrer Figuren.

Sie können diese nicht von außen sehen.

Sie stecken ja mittendrin.

Die Tatsache, dass der, der drinsteckt, nicht sieht, was vor sich geht, was ja nur von außen möglich ist, hat – man höre und staune – ein Mathematiker entdeckt.

Kurt Gödel, ein österreichischer Mathematiker, hat 1930 den mathematischen Beweis geliefert, dass die Widerspruchsfreiheit eines Systems nicht aus seinem Inneren ableitbar ist.

Die Geometrie kann sich also nicht selbst beweisen.

Sie kann nicht sagen, ob sie wahr oder falsch ist.

Und tatsächlich haben wir erst vor Kurzem entdeckt, dass sie falsch ist.

Die Geometrie zumindest, die man uns in der Schule beigebracht hat.

Und die man uns heute noch beibringt.[42]

Dass man Dinge nicht von innen her beurteilen kann, liegt auf der Hand.

Sonst kämen ja alle Paare bestens miteinander aus.

Und die Psychologen wären zu gar nichts nütze.[43]

Aber dem ist nicht so.

Und damit nicht genug.

Nicht nur, dass wir die Wirklichkeit nicht sehen können, wie sie ist, weil wir mittendrin stecken. Da wir mittendrin stecken, verändern wir sie auch noch.

Wie der Schiedsrichter, der Teil des Spiels ist und es entsprechend verändert.

---

42 Die Schule hinkt wie immer der Zeit hinterher. Sie setzt auf Bücher, wo alles menschliche Wissen doch mittlerweile im Internet abrufbar ist. Wenn Sie also mehr über die nichteuklidische Geometrie wissen wollen, können Sie hier mal reinschauen: http://de.wikipedia.org/wiki/Nichteuklidische_Geometrie.

43 Da gibt es ja Leute, die behaupten, dass das auch ohne das Gödel'sche Theorem gilt. Aber das sind doch nur Defätisten – jene Zeitgenossen nämlich, die die Psychologen kuriert haben (also fast alle).

Nicht nur mit seinen Entscheidungen, sondern auch, weil er mitspielt.

Tatsächlich gilt er als Mitspieler.

Wenn der Ball auf seinen Kopf trifft und von dort aus ins Tor wandert, ist das ein Tor.

Das hat ein anderer Mathematiker entdeckt.

Albert Einstein.

Der mit der rausgestreckten Zunge.

Eigentlich weiß ich gar nicht, ob es ein Tor ist, wenn der Ball vom Kopf des Schiedsrichters ins Tor springt.

Aber ich weiß, dass wir die Wirklichkeit verändern, weil wir mittendrin sind.

Dass wir nur das kennen, was wir sehen, aber nicht das, was ist.

Denn im Moment des Sehens verändern wir es.

Unsere Augen verformen die Wirklichkeit.

Besser gesagt: Sie sehen die Realität dem Bauplan des Auges entsprechend.[44]

Völlig und unwiderruflich deformiert also.

Aus diesem Grund hat Einstein gemeint, die Wirklichkeit sei relativ für den, der sie sieht.

Das ist es nämlich, was die Relativitätstheorie besagt.

---

44 Fliegen haben viele kleine Augen und sehen die Welt in zahllosen gleichen Bildern. Genau deshalb haben wir sie ständig auf der Pelle und nerven sie uns so. Sie glauben, dass wir ganz viele sind, und fliegen wohlerzogen vom einen zum anderen, um nicht nur eine Person zu stören. Dabei schwirren sie ständig um ein und dieselbe Person herum. Um uns nämlich. Und stören uns. Das tun die nicht absichtlich, die Ärmsten, aber sie nerven halt trotzdem. Wie alle, die uns auf die Pelle rücken.

Die mittlerweile bewiesen ist.

Alles ist relativ.

Für den Beobachter.

Doch die Relativitätstheorie ist nicht nur in der Physik gültig.

Sondern auch in der Psychologie.

Ich sehe nicht, was Sie wirklich sind.

Ich sehe das, was Sie mich sehen lassen oder was ich sehen will.

Eines Ihrer *Bilder*.

Weil nämlich Ihr Verhalten von Ihrem *Selbstbild* geprägt ist.

Sie verhalten sich nach dem Bild, das Sie in diesem Augenblick von sich haben.

Und ich entnehme aus Ihrem Verhalten Ihr Selbstbild.

Wir teilen den anderen unser Selbstbild nämlich mit.

Aber nicht mit Telepathie.

Einfach nur durch Lesen unserer Verhaltensmuster.

Denn das Verhaltensmuster lässt das Selbstbild erkennen.

Wenn Sie sich als Tangotänzer fühlen, werde ich in Ihnen einen Tangotänzer sehen.

Und in Ihren Armen in Ohnmacht fallen.

Natürlich nur, wenn ich eine Frau bin.

Aber wenn Sie sich als Arschloch fühlen, werde ich in Ihnen ein Arschloch sehen.[45]

---

45 Wie Sie sehen, reicht es, ein Wort zu verändern, wenn man das Leben verändern möchte. Was die Frauen natürlich schon lange kapiert haben. Wie heißt es doch so schön? »La donna è mobile ... muta d'ac-

Und Ihnen eine in die Visage hauen. Auch wenn ich ein Mann bin.

Unser *Selbstbild* bestimmt also unser Leben.

Und damit unser Glück oder unser Unglück.

Daher ist unser Selbstbild so entscheidend.

> **Unser Selbstbild ist maßgeblich,**
> **weil es über unser Glück oder Unglück bestimmt.**

Unser ganzes Leben wird von unserem Selbstbild bestimmt.

Aber wir haben ja nicht nur *ein* Selbstbild.

Unsere Selbstbilder sind zahlreich.

Und welche sind da so geboten?

Das werden Sie im nächsten Kapitel herausfinden.

---

cento e di pensiero« (»Rigoletto«): »Die Frau ist launisch ... leicht ändert sie ihre Worte und ihre Meinungen.« Die Männer hingegen, die Ärmsten, unterlassen es nicht nur, ihre Worte zu modifizieren, sondern auch nicht – viel schlimmer – ihre Gedanken. Besonders auch dann nicht, wenn Sie Frauen gegenüberstehen.

Die Subpersönlichkeiten

Wir haben nicht nur ein Bild von uns.

Tatsächlich können es sogar ziemlich viele sein.

Nur der Neurotiker hat lediglich ein Selbstbild: das neurotische eben.[46]

Darum ist er ja auch neurotisch.

Die verschiedenen Selbstbilder, die wir haben, formen die Facetten unserer Persönlichkeit.

---

46 Oder haben Sie je erlebt, dass der klassische Irre, der sich für Napoleon hält, glaubt, noch jemand anders zu sein? Zum Beispiel Giuseppina. Wenn er sich auch noch für Giuseppina hielte, wären damit ja seine sexuellen Probleme gelöst, die, wie man weiß, für jeden Irren das Hauptproblem darstellen. (Wer geht schon mit einem Irren mit?) Oje, nein, die Gesunden machen's auch nicht besser. Das sexuelle Problem oder, besser gesagt, das Problem, nicht genug sexuelle Befriedigung zu finden, ist in der katholischen Welt verbreitet wie eine Seuche. Warum kann eine so natürliche Funktion wie der Sex nicht ebenso befriedigt werden wie der Hunger, die Bewegungslust oder das Bedürfnis nach Kommunikation? Und warum gerade in den Ländern nicht, in denen sich der gütige Gott offenbart hat? Hat er das vielleicht absichtlich gemacht? »Ich habe euch schon die Gnade geschenkt, mich zu offenbaren, und nun wollt ihr euch auch noch paaren, wie es euch gefällt? Was soll denn das? Müsst ihr wirklich alles haben? Ihr immer alles und die anderen nichts?« So muss er sich das wohl gedacht haben, der Ewige, als er uns diese schreckliche Sexphobie beschert hat.

In der Psychologie spricht man hier von *Subpersönlichkeiten*[47].

Die aktiv werden je nach dem Umfeld, in dem wir uns gerade aufhalten.

Selbst der grausamste und ruchloseste Gangster.

Der mit Dumdumgeschossen das Hirn seines Rivalen über den Stuhl des Barbiers verspritzt.

Der seinen Sohn (den des Rivalen, nicht den eigenen) in Säure auflöst.

Nimmt widerspruchslos ein paar Backenstreiche hin, wenn er seine Mama besucht und zugibt, dass er gestern vergessen hat, sein Abendgebet zu sprechen.

Und der Mörder beziehungsweise das Muttersöhnchen sind nur zwei seiner Subpersönlichkeiten.

Er ist auch ein aufmerksamer Ehemann und ein tadelloser Familienvater.

Und ein galanter, großzügiger *Womanizer*.

Ein unnachsichtiger Boss, der bei seinen Untergebenen keine Fehler duldet.

Aber natürlich muss man kein Gangster sein, um verschiedene Subpersönlichkeiten aufzuweisen.

Wir alle haben mehrere Subpersönlichkeiten.

---

47 Verschiedene Autoren wie Pierre Janet, William James, Morton Prince und sogar Freud hielten es für möglich, dass in pathologischer Hinsicht mehr als eine Persönlichkeit im Menschen vorhanden sein könnte. Doch das Verdienst für die Entdeckung der Präsenz verschiedener Persönlichkeiten im gesunden Menschen (der Subpersönlichkeiten) und ihrer positiven Rolle gebührt Roberto Assagioli, dem Begründer der Psychosynthese. Siehe Roberto Assagioli: *Psychosynthese*, Reinbek 1993.

Das Problem ist nur, dass uns das häufig entgeht.

Das ist das eigentliche Problem mit den Subpersönlichkeiten.

Beziehungsweise mit den Selbstbildern.

Wir sind uns ihrer häufig nicht bewusst.

Häufig sind wir uns unserer Subpersönlichkeiten oder Selbstbilder in der Regel nicht bewusst.

Die Subpersönlichkeiten sind besser bekannt unter der Bezeichnung »Rollen«.

Zum Beispiel unsere Rolle innerhalb der Familie.

Die verschiedene Facetten hat: Sohn, Vater, Ehemann, Bruder (oder Schwester), Onkel, Enkel und so weiter.

Jede dieser Rollen bringt eine andere Subpersönlichkeit hervor.

Denn wir verhalten uns gegenüber unseren Eltern, Kindern, Partnern, Geschwistern, Enkeln, Onkeln et cetera jeweils anders.

Denn sie stellen verschiedene Repräsentationen unser selbst und unserer Beziehungen zu anderen dar.

Dann sind da noch die Subpersönlichkeiten, die wir außerhalb der Familie leben.

Zum Beispiel am Arbeitsplatz, in der Freizeit, im sozialen oder öffentlichen Umfeld.

Wo wir auch wieder jeweils verschiedene Subpersönlichkeiten haben.

Denn auch am Arbeitsplatz zeigen wir jeweils unterschiedliche Verhaltensweisen.

Gegenüber dem Vorgesetzten, den Kollegen, den Untergebenen.

Auch im sozialen Umfeld ist unser Verhalten höchst differenziert.

Im privaten Bereich.

Im öffentlichen Leben.

Am Arbeitsplatz.

In der Freizeit.

Und so weiter.

Denn wir zeigen jeweils ganz andere Persönlichkeitsanteile, wenn wir eine Partie Tennis spielen.

Wenn wir an einer Gruppenwanderung teilnehmen, einem Trauerzug folgen oder ins Theater gehen.

Diese verschiedenen Arten des Verhaltens sind nicht nur einfach »Verhaltensweisen«.

Sie konstituieren jeweils eine eigene Persönlichkeit.

Denn hinter jeder einzelnen stehen andere Ideen, Überzeugungen, Einstellungen, Sichtweisen, Emotionen und Erfahrungen.

Als wären es völlig andere Menschen, die diese Verhaltensweisen an den Tag legen.

Psychologisch gesehen ist das tatsächlich so.

Denn sie sind das Ergebnis jeweils unterschiedlicher Erfahrungen, entsprechen jeweils anderen Kapiteln unserer Biografie und unserer Erinnerungen.

Hinter jeder dieser Verhaltensweisen steht ein anderes Selbstbild, das auf den verschiedensten Erfahrungen beruht.

Ein Selbstbild, das als Resultat dieser Erfahrungen gelten kann.

Die sich alle voneinander unterscheiden.

Die verschiedenen Persönlichkeiten haben auch ganz unterschiedliche Charaktere.

Die Persönlichkeit des Sohnes ist vielleicht gehorsam und unterwürfig oder respektlos und rebellisch, je nachdem, welche Beziehungen dieser Mensch zu seinen Eltern hatte.

Möglicherweise unterscheiden sie sich auch noch abhängig davon, um welchen Elternteil es geht: respektvoll gegenüber einem, rebellisch gegenüber dem anderen.

Das gilt für all unsere zahlreichen Persönlichkeiten.

Und die Beziehungen zu Eltern, Freunden, Kollegen, Fremden und so weiter.

Für jeden Menschen, mit dem wir in Kontakt kommen, jede Situation, die wir erleben.

Verschiedene Situationen, verschiedene Persönlichkeiten, verschiedene Selbstbilder.

Jeder Teil unserer Erfahrung bringt ein anderes Selbstbild hervor.

Jeder Teil unserer Erfahrung kreiert
eine andere Subpersönlichkeit.

Jede unserer Subpersönlichkeiten hat besondere, einzigartige Merkmale, die aus der gelebten Erfahrung jedes Teilbereichs entstehen.

Zu jeder gehört ein Selbstbild, das sich von den anderen unterscheidet.

Eine Persönlichkeit liefert uns das *dominante* Selbstbild.

Unser zentrales Selbstbild, unsere zentrale Persönlichkeit.

Mit der wir uns am stärksten identifizieren.

Mit der wir uns ganz grundlegend identifizieren.

Über die verschiedenen Subpersönlichkeiten hinaus, mit denen wir uns im Laufe eines Tages identifizieren.

Sie ist unsere *natürliche* Persönlichkeit.

Wir haben eine zentrale Persönlichkeit, mit der wir uns grundlegend identifizieren: unsere natürliche Persönlichkeit.

Aber auch diese wechselt im Laufe unseres Lebens.

Während der Kindheit ist unsere *kindliche Persönlichkeit* vorherrschend.

In der Kindheit haben wir eine kindliche Persönlichkeit.

Sie ist gekennzeichnet durch die Unfähigkeit zur Autonomie und zum eigenständigen Überleben.

Diese Persönlichkeit, dieses Selbstbild, tragen wir während der Kindheit und Jugend mit uns herum.

Dann nabeln wir uns von den Eltern ab und entwickeln unsere Unabhängigkeit. Wir lernen, allein zu überleben. Im Laufe dieses Prozesses entwickelt sich die *Erwachsenen-Persönlichkeit*.

Wenn wir uns von den Eltern abnabeln,
reifen wir zur Erwachsenen-Persönlichkeit heran.

Sobald wir diese Erwachsenen-Persönlichkeit entwickelt haben, wachsen wir weiter. Wir *kümmern uns um den Nachwuchs* und bilden dabei die dritte Persönlichkeit heraus: die *Eltern-Persönlichkeit.*

Wenn wir uns um den Nachwuchs kümmern,
reifen wir zur Eltern-Persönlichkeit heran.

Wir lernen, unsere Kinder zu nähren und zu schützen. Diese Persönlichkeit ist vor allem bei *Frauen* stark ausgeprägt.[48]

---

48 Die ja von der Natur mit zwei »saugbaren« Organen ausgestattet wurde, die man nicht umsonst »Mamma« nennt, im Medizinerlatein ein Synonym für »Brust«. Und wir sind ja auch alle »Säugetiere«. Das gilt aber nicht nur für die menschlichen Mamas, sondern auch für Kaninchen-, Kuh-, Löwenmamas et cetera. Das war ein ziemlicher Fortschritt in der Evolution, verglichen mit den Vögeln zum Beispiel. Die Ärmsten müssen weit fliegen, um ihren Nachwuchs mit Nahrung zu versorgen. Dabei sind die Vögel schon höher entwickelt als die Reptilien, die das Problem ganz einfach gelöst haben: Sie kümmern sich erst gar nicht um ihren Nachwuchs. Woraus unschwer zu ersehen ist, dass die Fähigkeit des Weibes, sich um andere zu kümmern, ein Produkt der Evolution ist. Doch statt darüber froh und glücklich zu sein, beschweren die Frauen sich über ihre evolutionäre Errungenschaft und nehmen sie zum Anlass, den Männern ihre mangelnde Neigung zu derselben vorzuwerfen, die die Frauen schändlich finden (den Mangel, nicht die Neigung). Doch auch dazu gibt es natürlich eine hübsche Theorie. Die den Feministinnen gefallen wird. Ihr zufolge existierten zu Beginn der

Dieser Entwicklungsprozess vom Kind über den Erwachsenen zum Elternteil ist ein *natürlicher Vorgang*.

Der bei Tieren und Menschen ganz normal ist.

Wir können also sagen, dass es sich um einen *natürlichen Entwicklungsprozess* handelt.

Wo immer dieser Prozess unterbleibt, entwickelt sich eine *Neurose*.

> **Wenn der natürliche Entwicklungsprozess vom Kind über den Erwachsenen zum Elternteil nicht stattfindet, bildet sich eine Neurose heraus.**

Die darin besteht, dass die kindliche Persönlichkeit bestehen bleibt.

Dann sprechen wir von *kindlicher Neurose*.

> **Wenn beim Erwachsenen die kindliche Persönlichkeit bestehen bleibt, hat er eine kindliche Neurose.**

Auf diese kindliche Neurose, die heutzutage sehr verbreitet ist, wird die Entwicklungs-Psychotherapie angewandt.

Evolution nur Frauen (es gibt tatsächlich Beispiele in der Natur für Arten mit ausschließlich weiblichen Individuen, wenn auch recht wenige), die sich durch Jungfrauengeburt oder Parthenogenese vermehrten. Die Aufteilung in Jägerinnen und Sammlerinnen hat schließlich zur sexuellen Ausdifferenzierung geführt. Beweis dafür ist das rudimentäre Vorhandensein von Brüsten beim Mann. Vgl. C. Trupiano: *Grazie dottor Hamer*, Cesena 2007.

Auch das ausschließliche Weiterbestehen der Erwachsenen- oder Eltern-Persönlichkeit wäre im Übrigen eine Neurose.

Aber da von den Betroffenen selten Klagen kommen, lässt die Psychotherapie sie links liegen.

Auf jeden Fall sollten wir die natürlichen Persönlichkeiten in uns nicht unterschätzen.

Denn sie sind ja nicht bloß irgendeine Ansammlung von Bildern und Verhaltensweisen, die im Gedächtnis gespeichert sind.

Psychologisch gesehen, sind sie sehr viel mehr.

Es handelt sich um *echte Personen* in unserem Inneren.

Das Kind, der Erwachsene und der Elternteil sind echte Personen in unserem Inneren.

Und wir können sie in einen *Dialog* treten lassen.[49]

Wir können einen echten Dialog zwischen unseren natürlichen Persönlichkeiten – zwischen Kind, Erwachsenem und Elternteil – in Gang setzen.

---

49 Der Dialog zwischen den verschiedenen Persönlichkeitsanteilen ist eine Methode, die vor allem in der Gestalttherapie und der Psychosynthese benutzt wird. Auch in Therapieformen, die auf NLP aufbauen, findet sie Verwendung. Und in vielen anderen. Man nennt sie den »inneren Dialog«. Doch sie wird auch in den nichttherapeutischen Anwendungsbereichen der Psychosynthese eingesetzt, zum Beispiel bei der Persönlichkeitsbildung.

Sie tauschen sich miteinander aus und antworten wie leibhaftige Menschen.

Jede hat ihren eigenen Standpunkt und ihre eigene Lebensphilosophie.

Eigene Vorlieben und Neigungen.

Eigene Interessen und Abneigungen.

Die drei natürlichen Persönlichkeiten sind drei Aspekte unser selbst, die unser ganzes Leben prägen und beherrschen.

Die erste, die sich herausbildet und gar nicht gern wieder geht, ist das *Kind*.

Das Kind

Nicht zu wachsen und Kind zu bleiben ist eines der größten Probleme, die der Mensch haben kann.

Auch im Erwachsenenalter Kind zu bleiben ist eines der größten Probleme, die dem Menschen widerfahren können.

Und doch hält jeder diesen Zustand für ein großes Glück.

»Mein Glück ist, dass ich im Innern Kind geblieben bin.«

Hört man ja immer wieder mal.

Auch der Dichter Giovanni Pascoli, der durchaus was in der Birne hatte, war dieser Ansicht, lebte er doch auf dem Land und war glücklich.

Mit seinem *Fanciullino*, worin er das Kind im Erwachsenen als Quelle der Poesie preist, hat er – zumindest in Italien – alle davon überzeugt, dass es wäre, als hätte man das große Los gezogen, wenn man ewig Kind bliebe.[50]

So ein Quatsch!

---

50 Giovanni Pascoli: »La poetica del fanciullino«, in: *Il Marzocco*, 1897.

Kind zu bleiben ist ein krankhafter Zustand.

Der einen Namen hat, nämlich *Peter-Pan-Syndrom*[51].

Wer Kind bleibt, ruiniert sein eigenes Leben.

Und das der anderen auch.

Denn das Kind wird zur Quelle stetigen Leidens.

Für sich und die anderen.

Das Kind ist eine echte Plage.

Schon im Alter von zwei Jahren.

---

51 »Peter Pan ist eine literarische Figur, geschaffen 1902 vom schottischen Dichter James Matthew Barrie. Es handelt sich um ein Kind, das fliegen kann und nicht erwachsen werden will. Es verbringt seine Kindheit mit fantastischen Abenteuern auf einer Insel, die es nicht gibt, und ist Kommandeur der ›Verlorenen Jungs‹. Sein tägliches Brot sind Sirenen, Indianer, Feen und Piraten. Hin und wieder trifft er auch in der wirklichen Welt, aus der er kommt, Kinder. Seine frühe Jugend verbrachte er in den Kensington Gardens. Barrie hat über den Stoff zwei Novellen verfasst und ein Theaterstück geschrieben. Doch Peter Pan ist ein beliebtes Motiv auch in anderen Gattungen wie Film, Comic, Zeichentrick etc. Außerdem ist er eine beliebte Merchandising-Figur« (http://de.wikipedia.org/wiki/Peter_Pan). Das Peter-Pan-Syndrom bezeichnet einen seelischen Zustand, in dem der Betroffene sich weigert (oder unfähig ist), erwachsen zu werden und Verantwortung zu übernehmen, und stattdessen lieber in dieser Unreife verbleibt. Das Peter-Pan-Syndrom ist ein pathologischer Zustand, bei dem das Subjekt sich weigert, in der Welt der Erwachsenen tätig zu werden, die es als feindlich empfindet. Stattdessen flüchtet es sich lieber in kindliche Verhaltensweisen und Regeln. Dieses Symptom lässt sich auch graphologisch belegen, da die Betroffenen eine kindliche Schrift haben, krakelig, mit vielen Rundungen, unklarer Zeilenführung und Linksneigung der Längen. Der Begriff »Peter-Pan-Syndrom« fand Eingang in die Fachwelt durch ein Buch: Dan Kiley: *Das Peter-Pan-Syndrom: Männer, die nie erwachsen werden*, München 1994 (vgl. http://it.wikipedia.org/wiki/Peter_Pan).

Und erst mit fünfunddreißig!

Ein Kind von zwei Jahren hat ein süßes Engelsgesicht-chen, das es uns unmöglich macht, ihm den Hintern zu versohlen, und stattdessen dazu animiert, es zu liebko-sen.

So schützt es die Natur.

Das Kind von fünfunddreißig hat nicht mal das.

Es hat ein blödes Gesicht und damit basta.

Das reicht nicht, um keine Prügel abzubekommen.

Ganz im Gegenteil.

Und es braucht ständig Hilfe.

Da es aber konkret unmöglich ist, ihm vierundzwan-zig Stunden am Tag das Händchen zu halten, ist es dau-ernd unglücklich.

Ein Kind von fünfunddreißig Jahren
ist dauernd unglücklich.

Es gibt nur eine Instanz, die ihm wirklich rund um die Uhr helfen kann: Gott.

Aber das Kind von fünfunddreißig Jahren ist sich da nicht ganz sicher.

Manchmal redet es mit Gott, manchmal nicht.

Und wenn es mit ihm redet, hat Gott unweigerlich ge-rade etwas anderes zu tun.

Schließlich hat er noch fünfundzwanzig Millionen andere Kinder wie dieses.

Allein in Italien.

Weltweit sind's noch mehr.

Vom Universum mal gar nicht zu reden.[52]

Eine Katastrophe.

Ein bisschen Unglück ist ja ganz normal.

Der Kater stirbt oder der Goldfisch, und man leidet.

Das ist nur natürlich.

Auch wenn Vater oder Mutter sterben, leidet man.

Das ist natürlich.

Aber wie lange?

Ein Monat?

Zwei Monate?

Ein Jahr?

Zwei Jahre?

Nach zwei Jahren Leiden sollten Sie mal den Gang zum Psychiater antreten.

Ständiges, chronisches Leiden ist nämlich *neurotisch*.

Chronisches Leiden ist neurotisch.

---

52 Nur ein Planet im Doppelsternsystem Alpha Centauri bildet eine Ausnahme. Dort sind die Kinder sehr viel intelligenter und vernünftiger als die alten Leute, die vollkommen vertrottelt sind. Schon in einem Alter, in dem man gewöhnlich zum Militär eingezogen wird, zeigen die Erwachsenen erste Degenerationserscheinungen. Doch das Wirtschafts- und Sozialsystem hat sich dieser Tatsache angepasst. Schon bei der Geburt geht man mit der maximalen Rente in Pension. Diese nimmt dann mit der Zeit ab, sodass man in vorgerücktem Alter nur noch das Minimum bekommt. Ein Farbfernseher mit einem einzigen Programm – vierundzwanzig Stunden Fernsehquiz – und warme Gerichte von der nächstgelegenen Pizzeria sind alles, was der Staat den glücklichen Außerirdischen in ihren letzten Lebensjahren noch zukommen lässt.

Auch Angst ist etwas Natürliches.

Wenn sie gelegentlich auftritt.

Aber wenn sie chronisch ist, ist sie *neurotisch*.

Ständige Angst ist neurotisch.

Und das gilt ebenso für Sorgen, Depressionen oder gar Panikanfälle.

All das sind Symptome, die Kinder haben.

Das Kind lebt gleichsam von der *Angst*.

Ein Kind lebt in Angst.

Alle glauben, dass Kinder die glücklichsten Geschöpfe der Welt sind.

Ganz falsch.

Sie sind die unglücklichsten.

Nach den Zwerg-Yorkshireterriern natürlich.

Denn der Zwerg-Yorkshireterrier weiß, dass er der Pickel am Gesäß des Universums ist.

Und von einem Moment auf den anderen ausgedrückt werden kann.

Das Kind hingegen weiß das nicht.

Es hält sich für den Mittelpunkt der Welt und glaubt, das ganze Universum drehe sich ausschließlich um es.

Aber es zittert wie der Zwerg-Yorkshireterrier.[53]

---

53 Ich habe immer geglaubt, die armen Tiere zittern vor Kälte, weil sie ja nur Haut und Knochen sind. Weit gefehlt: Sie zittern vor Angst. Sie zittern auch dann noch, wenn man sie auf den Heizkörper setzt.

Haben Sie je einen Bernhardiner gesehen, der sich wie ein Zwerg-Yorkshireterrier benimmt?

Und es ist keineswegs das Schnapsfass um seinen Hals, das ihn so selbstsicher macht, auch wenn man das meinen könnte.

Es ist vielmehr die Tatsache, dass er erwachsen ist.

Und vor niemandem Angst hat.

Aus diesem Grund ist es erforderlich, erwachsen zu werden.

Denn wenn wir Kinder bleiben, leben wir in Angst und Unglück.

Wenn wir jedoch erwachsen werden, leben wir in Sicherheit und Glück.

Das ist das ganze Geheimnis.

Wenn wir Kinder bleiben, leben wir in Angst und Unglück.
Wenn wir erwachsen werden, leben wir in
Sicherheit und Glück.

Daher müssen wir erwachsen werden.

Wir müssen Erwachsene werden.

Das ist ein Gebot der Natur.

Erwachsen zu werden ist ein Gebot der Natur.

Wir müssen unter allen Umständen von der kindlichen Neurose geheilt werden.

Zu diesem Zweck müssen wir erwachsen werden.

Um von der kindlichen Neurose geheilt zu werden,
müssen wir erwachsen werden.

In absoluten Zahlen gerechnet, kommt die kindliche Neurose, unter allen Formen von Neurosen, im klinischen Alltag am häufigsten vor.

Sie ist unglaublich weit verbreitet.

Tatsächlich ist sie die verborgene Grundstruktur einer großen Anzahl von depressiven oder Angststörungen mit mehr oder weniger stark ausgeprägten körperlichen Symptomen.

Die kindliche Neurose ist die verborgene Grundstruktur
zahlreicher Angst- oder Depressionsstörungen mit mehr oder
weniger schwerwiegenden körperlichen Symptomen.

Auch viele *phobische* oder *manische* Erkrankungen haben die kindliche Neurose zur Ursache.

Viele phobische oder manische Störungen haben
als verborgene Ursache eine kindliche Neurose.

Tatsächlich sind alle nichttraumatischen Störungen mit schwachem oder negativem Selbstbild letztlich auf eine kindliche Neurose zurückzuführen.

Alle nichttraumatischen Störungen mit schwachem
oder negativem Selbstbild sind letztlich auf eine
kindliche Neurose zurückzuführen.

Die Diagnose »kindliche Neurose« lässt sich anhand von zwei objektiven Kriterien stellen.

Zum einen sind da die typischen Symptome der kindlichen Neurose, die der Betroffene selbst schildert.

Als da wären generalisierte Angst, Unsicherheit, innere Unruhe, Depressionen, bipolare Symptomatik (manisch- oder ängstlich-depressive Störung), Nervosität, Panikanfälle, manische und phobische Verhaltensweisen und die entsprechenden körperlichen Symptome.

Die Symptome der kindlichen Neurose sind generalisierte Angst, Unsicherheit, innere Unruhe, depressive Verstimmung, bipolare Störung, Nervosität, Panikanfälle, manische und phobische Verhaltensweisen und die entsprechenden körperlichen Begleiterscheinungen.

Auf der anderen Seite dient das Verhalten des Betroffenen als Indiz.

Er zeigt einerseits *Logorrhö, Hyperkinese* und *Angst.*[54]

Oder andererseits katatonisches (erstarrtes), depressives, nichtkommunikatives Verhalten.

Der von der kindlichen Neurose Betroffene zeigt typischerweise Logorrhö, Hyperkinese und Ängstlichkeit. Oder katatonisches, depressives und nichtkommunikatives Verhalten.

---

54 *Logorrhö* bedeutet so viel wie »Sprechdurchfall«, unter einer *Hyperkinese* versteht man einen übermäßigen Bewegungsdrang mit unwillkürlichen »Extra«-Bewegungen.

Dies sind die beiden Pole der kindlichen Neurose.

Der Leidensdruck des kindlichen Neurotikers ist groß.

Nicht nur, weil es ziemlich anstrengend und einengend ist, sich mit dreißig oder vierzig noch wie ein Kind aufzuführen.

Und eine echte soziale Behinderung.

Nur wenige Menschen haben nämlich Lust darauf, für andere Erwachsene Eltern zu spielen.

Denn andere Erwachsene hält man gewöhnlich schlicht für erwachsen.

Auch wenn das nur nach außen hin so aussieht.

Aber das sind nicht die einzigen Gründe: Die *körperlichen Begleiterscheinungen* der kindlichen Neurose können nämlich durchaus gravierend sein.

Neurovegetative Dystonie, Schlaflosigkeit, sexuelle Impotenz, Dermatitis, Muskelschmerzen, Appetitlosigkeit, Magersucht, Bulimie, Körperschwäche, Herz-Kreislauf-Probleme, Dickdarm- und Zwölffingerdarm-Entzündungen et cetera. Und das ist nur ein kleiner Teil.[55]

Diese Symptome machen jeden Menschen mit einer kindlichen Neurose zum unheilbaren Dauerpatienten, wie viele Hausärzte beklagen können.

---

55 Es ist in der Medizin bekannt, dass Herz-Kreislauf-Probleme, Dickdarm- und Zwölffingerdarm-Entzündungen häufig von einer chronischen Kontraktion der damit verbundenen Muskulatur verursacht werden, die auf einen ständigen Unruhezustand (chronischen Stress) zurückgeht.

Denn die Aufmerksamkeit des Arztes richtet sich gewöhnlich auf die sichtbaren Symptome.

Die jedoch eine unsichtbare Ursache haben.

Einen chronischen Unruhezustand.

Anders gesagt: *Angst*.

Denn der kindliche Neurotiker ist wie das Kind ständigen Ängsten und Befürchtungen ausgesetzt.

Und diese Ängste und Befürchtungen rufen bekanntermaßen Spannungen hervor, die wiederum zu den genannten körperlichen Symptomen führen.

Chronische Spannungszustände führen
zu körperlichen Beschwerden.

Was wissenschaftlich bewiesen ist.[56]

Und gewöhnlich sind es auch die körperlichen Symptome, die den kindlichen Neurotiker dazu bewegen, Heilung zu suchen.

Auch wenn er sich seiner Neurose nur selten bewusst ist, wie im Übrigen alle Neurotiker.

Der kindliche Neurotiker ist sich wie alle Neurotiker
seiner Neurose normalerweise nicht bewusst.

Er merkt nur, dass es ihm nicht gut geht.

Von seiner chronischen Angst weiß er nichts.

---

56 Vgl. H. Laborit: *L'inibizione dell'azione*, Mailand 1986.

Der kindliche Neurotiker ist sich seiner
chronischen Angst nicht bewusst.

Die natürlich eine Störung ist.

Die er aber für ein ganz normales menschliches Gefühl hält.

Der kindliche Neurotiker sieht die eigene chronische Angst
als ganz normales Gefühl an.

Doch das stimmt nicht.

Chronische Angst ist kein normales menschliches Gefühl.

Angst ist ein außergewöhnlicher Alarmzustand, der auf Ausnahmesituationen mit Aggressionspotenzial begrenzt ist.

Angst ist ein außergewöhnlicher Alarmzustand,
der auf Ausnahmesituationen begrenzt ist,
in denen wir uns bedroht fühlen.

Wenn sie chronisch wird, ist sie *krankhaft*.

Denn niemand steht ständig unter Beschuss.

Wenn die Angst also chronisch wird, entspricht sie nicht mehr der Realität.

Und ist folglich krankhaft.

Chronische Angst ist krankhaft.

Der kindliche Neurotiker hat wie ein echtes Kind das Bedürfnis nach *Schutz*.

Oder anders gesagt: Er hat das *Bedürfnis nach Zuneigung*.

Tatsächlich lechzt der kindliche Neurotiker ständig nach *Zuneigung*.

> **Der kindliche Neurotiker hat ein**
> **chronisches Bedürfnis nach Zuneigung.**

Das dadurch ebenfalls pathologisch ist.

Wie alles, was chronisch ist, krankhaft ist.

> **Alles, was chronisch ist, ist krankhaft.**

Denn die Wirklichkeit ist dynamisch, nicht statisch.

Die Wirklichkeit ist in ständiger Veränderung begriffen.

Das hat schon Buddha entdeckt – vor 2500 Jahren.[57]

Doch der kindliche Neurotiker bleibt bei seinem Bedürfnis nach Zuneigung, koste es, was es wolle.

Wie ein Kleinkind.

Der kindliche Neurotiker schreibt sein krankhaftes Bedürfnis einem »normal menschlichen Recht auf Liebe« zu.

Was meint: das Recht, geliebt zu werden.

---

57 Das ist das Gesetz von der Unbeständigkeit. Siehe dazu mein Buch: *Zum Buddha werden in 5 Wochen*, München 2007.

Ein Recht, das nicht existiert.

Nicht als gesetzlich verankertes Recht.[58]

Nicht als Naturrecht.[59]

Denn wenn das unstillbare Verlangen des kindlichen Neurotikers nach Zuneigung nicht erfüllt wird, *tötet* er.

Schon zum zweiten Mal biete ich hiermit der Gesellschaft eine wissenschaftliche Erklärung der Vorgänge um die sogenannten »familiären Delikte« an.[60]

Leider scheint sich niemand darum zu scheren.

Vielleicht werden meine Bücher ja von den falschen Leuten gelesen.

Ärzte, Psychologen, Psychotherapeuten und Psychiater sollten sie lesen.

Auch Kriminologen.

---

58 Die gesetzlich verankerten Rechte des Kindes (nicht des neurotischen Kindes von fünfunddreißig Jahren) beschränken sich auf die materielle Fürsorge, wie viele Kinder wissen, und zwar nicht nur solche, die in Waisenhäusern aufwachsen. Liebe ist nicht inbegriffen.

59 Nicht wenige Mütter verlassen ihre Kinder, sobald diese geboren sind. Wovon die Mülltonnen dieser Welt Zeugnis abzulegen wissen. Früher legte man die Kinder wenigstens noch auf die Schwelle der Kirche oder in die »Babyklappe«. Das waren noch Zeiten! In letzter Zeit werden nicht einmal mehr Mülltonnen benutzt. Man könnte sie ja dreckig machen. (Die Mülltonnen, nicht die Kinder.) Immer öfter wirft man sie einfach aus dem Fenster, in den Fluss oder zündet sie gar an. Das ist sauberer. Manche lassen die Neugeborenen gleich ganz verschwinden. Und es soll Leute geben, die darin einen Fortschritt erblicken.

60 Vgl. mein Buch *Il fascino discreto degli stronzi*, Mailand 2009.

Stattdessen werden sie von ganz normalen Menschen gelesen.

»Von der Frau verlassen! Ehemann erschlägt Frau, Kinder und sich selbst.«

»Jugendlicher tötet Eltern und Geschwister.«

»Serienmörder hat es auf Frauen abgesehen.«

»(Amerikanischer) Student läuft Amok im (amerikanischen) College.«

Durchweg kindliche Neurotiker, deren unstillbarer Hunger nach Zuneigung von den eigenen Eltern oder Ersatzfiguren (Partnern, Lehrern, Mitschülern et cetera) nicht erfüllt wurde.

Vor allem nicht von der Mutter.

Der Großteil der Opfer sind nämlich Frauen.

Die kindlichen Neurotiker rächen sich, weil sie meinen, dass nicht ausreichend für sie gesorgt wurde.

Und weil sie überzeugt sind, nicht selbst für sich sorgen zu können, bringen sie sich um.

Es ist wirklich schlimm, ein kindlicher Neurotiker zu sein.

Wie Vincenzo weiß.

Um ihn geht es im nächsten Kapitel.

Vincenzo

Die Entwicklungs-Psychotherapie ist, wie so manche andere Erfindung, eher ein Produkt des Zufalls.[61]

Ich habe alle möglichen Therapiemethoden ausprobiert, wenn Patienten mit Angst- und Unruhezuständen, Depressionen, Panikanfällen und mangelndem Selbstwertgefühl zu mir kamen.

Ohne Ergebnis.

---

61 Wie der Kochtopf, die Dusche und das Bett, die einzig wirklich bemerkenswerten Erfindungen des Menschen. Und sie sind natürlich den Frauen zu verdanken. Eines schönen Tages nämlich sagte eine Frau, die es satthatte, immer die Suppe aufzuwärmen, indem sie sie auf heißen Steinen verstrich, zu ihrem Mann: »Wenn du hier schon faul in der Sonne herumliegst, ohne irgendwas Sinnvolles zu tun, kannst du auch herkommen und die Hände ineinanderlegen ...« Dann schüttete sie ihm die Suppe in die Hände. »So, jetzt bleibst du da zehn Minuten stehen. Kinder, in zehn Minuten gibt es Essen.« Ihm wurde es dann eines Tages zu bunt, dieses ewige Herumstehen mit gefalteten Händen in der Sonne, und so hat er den Kochtopf erfunden. Mit der Dusche lief es ganz ähnlich. Eine Frau, die es leid war, jeden Morgen die fünf Kilometer bis zum Wasserfall zu pilgern, sagte zu ihrem Mann: »Hör mal, Schatz, ich habe einen wunderbaren Platz zum Wohnen gefunden. Ganz nahe beim Wasserfall.« Und mit dem Bett hieß es: »Und wenn wir es mal im Bett machen?« Ah, die Frauen! Ohne sie wären wir heute noch in der Steinzeit.

Mit »alle möglichen Therapiemethoden« meine ich *Gesprächstherapien*.

Haben Sie einmal versucht, einem Menschen seine Panikattacken auszureden?[62]

Oder einen Depressiven mit bloßen Worten zu kurieren?[63]

---

62 Am besten kommt man gleich zur Sache. Am höchsten Punkt des Mailänder Doms stand ein Mann und blickte sorgenvoll hinunter. Panik ergriff ihn. Da tritt ein Typ an ihn heran und sagt: »Ich wette mit Ihnen, dass ich mich da hinunterstürzen und einen Meter vor dem Aufprall anhalten und wieder heraufkommen kann.« – »Lassen Sie die blöden Scherze, Mann, ich habe einen Panikanfall.« – »Das ist kein Witz. Schauen Sie!« Und er springt. Einen Meter über dem Erdboden bremst er, dann kehrt er wohlbehalten auf die Domspitze zurück. Der andere glotzt ihn mit weit aufgerissenen Augen an. Wie haben Sie das gemacht?« – »Ganz einfach: Autosuggestion!« – »Was?« – »Autosuggestion. Eine Kleinigkeit. Sie müssen nur viermal die Formel wiederholen: ›Einen Meter über dem Boden werde ich innehalten und dann wohlbehalten nach oben zurückkehren.‹« – »Das kann ich nicht glauben!« – »Sie haben's doch selbst gesehen. Das können Sie auch.« – »Aber ich habe einen Panikanfall.« – »Umso besser. Mit dieser Übung besiegen Sie jeden Panikanfall. Probieren Sie's nur!« – »Sind Sie sicher?« – »Todsicher!« Also wiederholt unser Mann viermal die Formel. »Sind Sie so weit?« – »Ja ... ich glaube, schon.« – »Dann springen Sie!« Der Mann springt und schlägt unten auf dem Pflaster auf. Der andere späht von oben herunter und murmelt leise: »Hm, als Schutzengel bin ich echt 'ne Nullnummer.«

63 Als mein erster Depressiver zu mir in die Praxis kam, meinte er: »Herr Doktor, ich bin der unglücklichste Mensch auf der ganzen Welt.« Dann zählte er eine beeindruckende Reihe von Problemen auf. Und ich entgegnete ihm, wie jeder Mensch mit einer Portion gesundem Menschenverstand es gemacht hätte: »Aber nein! Sie sind keineswegs der unglücklichste Mensch auf der ganzen Welt. Es

Oder einen Menschen, der Angst hat, mit dem Flugzeug abzustürzen, mit Engelszungen in ein solches hineinzukomplimentieren?

Vergebliche Liebesmüh.

Die Angst pfeift auf Ihre Vernunftgründe.

Eines Tages aber kam Vincenzo zu mir.

Er war damals neunundfünfzig.

Und litt seit zehn Jahren an einer Angststörung.

Er hatte Angst vor allem.

Nicht einmal er wusste genau, wovor eigentlich und warum.

---

gibt Leute, die sind viel schlimmer dran als Sie!« Und ich gab ihm ein paar Beispiele: Hungertote, Schwerbehinderte, durch schreckliche Verkehrsunfälle Verstümmelte, Todkranke. Daraufhin stand er auf und fuhr mich an: »Sie sind ein Idiot! Sie sollten den Beruf wechseln!« Und draußen war er. Ich blieb sitzen und hing meinen Gedanken nach. Schon bald kam ich dahinter, dass er im Grunde recht hatte. Bei all den Problemen, die er zweifelsohne lösen musste, hatte ich ihm die einzige Befriedigung genommen, die ihn aufrecht hielt: die Überzeugung, von allen am schlechtesten dran zu sein. Der unglücklichste Mensch auf der ganzen Welt! Und diese Befriedigung habe ich ihm genommen! Ich habe ihm mehr oder weniger gesagt, dass er nicht mal als Pechvogel Beachtung verdiente. Da gab es schon ganz andere! Natürlich habe ich seinen Rat nicht befolgt. Ich habe den Beruf nicht gewechselt. Aber die Methode. Wenn heute ein Depressiver zu mir in die Praxis kommt und mir unweigerlich erzählt, dass er der unglücklichste Mensch auf der ganzen Welt ist, antworte ich ihm regelmäßig: »Da haben Sie völlig recht. Wissen Sie, was ich glaube? Dass Gott das Universum nur zu einem Zweck geschaffen hat: um Sie zu quälen und zu schinden!« Natürlich heile ich mit dieser Behauptung keinen Depressiven. Aber zumindest denkt er darüber nach. Und was sagt er daraufhin? »Wissen Sie, Doktor, ich glaube, jetzt übertreiben Sie ein bisschen.«

Er hatte einfach nur Angst.

Er konnte nicht allein aus dem Haus gehen.

Nur in Begleitung seiner Frau.

Er ging nicht allein auf die Straße.

Er fuhr nicht allein Auto.

Er nahm weder Bus noch Bahn, weder Tram noch Metro.

Vom Flugzeug gar nicht zu reden.

Er hatte Angst.

Angst vor allem und jedem.

Angst, krank zu werden.

Angst, alt zu werden.

Angst, allein zu sein.

Angst zu leben.

Eine gravierende Neurose.

Die ihn stark einschränkte.

Er war in Frührente deshalb.

Was das Ganze noch schlimmer machte.[64]

Was konnte man also tun?

Die üblichen langen Gespräche führen?

Anfangs lief die Therapie auch so.

Vincenzo, Sie müssen Ihre Angst abstellen.

---

64 Die Rente wirkt auf die Menschen ganz unterschiedlich. Entweder sie sterben bald nach der Pensionierung. Darauf spekulieren die Rentenversicherungen. Oder sie leben förmlich auf. Darauf hoffen die Rentner. Mit Glück oder Unglück hat das nichts zu tun. Eher mit Dummheit und Klugheit. Die Dummen sterben. Weil sie nichts mehr mit sich anzufangen wissen. Die Intelligenten überleben. Weil sie immer was zu tun finden. Die Rente ist eine Art natürlicher Selektionsmechanismus. Wie die Ehe.

Vincenzo, es gibt nichts, wovor Sie Angst haben müssten.

Das ist, als würde man einem Fisch befehlen, nicht mehr unter Wasser zu schwimmen.

Als würde man auf Wolken schießen.

Eines Tages aber wollte ich etwas anderes machen. Ich habe es mit *Hypnose* probiert.

Nicht mit echter, tiefer Hypnose.

Dem hypnotischen Tiefschlaf, der jede Erinnerung verbietet.

Sondern mit einer einfachen Trance.

Bei der der Betreffende wach bleibt.

Und einfach nur tief entspannt ist.

Genau genommen ist das keine Hypnose.

Es wird nur manchmal in der NLP so genannt.[65]

Vielleicht ist das für Vincenzo auch gar nicht das Richtige, sagte ich mir.

Er ist schließlich nicht von seinem Onkel vergewaltigt worden.

Und von der Tante auch nicht.

Was das Ganze noch unbegreiflicher macht.

Er hat überhaupt keine traumatische Erfahrung erlitten.

Sagt er wenigstens.

Zumindest erinnere er sich an keine solche.

---

65 Siehe Bandler/Grinder: *Therapie in Trance*, a. a. O.

Aber sind es nicht gerade verdrängte Traumata, an die man keine Erinnerung hat, die Neurosen und Hysterie auslösen? Behauptet zumindest die Psychoanalyse.

Auch wenn Vincenzo nicht wie ein Fall von Hysterie wirkt.[66]

Tatsächlich weist er keinerlei Symptome von Hysterie auf.

Die bei Männern ohnehin selten vorkommt.

---

66 Im sexuell repressiven viktorianischen Zeitalter Ende des 19. und zu Beginn des 20. Jahrhunderts war die Hysterie weit verbreitet. In einer Zeit, als sogar die Beine von Rokokostühlen wegen ihrer Kurvigkeit als anstößig verschrien waren (tatsächlich, so heißt es, habe Queen Victoria die Beine ihrer Möbelstücke umwickeln lassen), genügte ein ungewollter Blick auf das väterliche Glied, um fürs Leben gezeichnet zu sein. Denn damit hatte man ein fest verankertes soziales Tabu gebrochen, und das reichte, um den Verstand zu verlieren. Da man mit diesem Trauma nicht fertig werden konnte, löschte man es aus der Erinnerung. Nichtsdestotrotz tauchte es in Form gravierender Symptome wieder auf, zum Beispiel durch Unruhezustände, Blindheit, ja sogar Lähmung. Davon aber waren fast nur Mädchen befallen, denn die Männer erfreuten sich ja gewisser sexueller Freiheiten, wenn auch nicht offiziell. Der Gang ins Bordell jedenfalls war zu jener Zeit durchaus üblich. Die Krankheit selbst wurde nach der weiblichen Gebärmutter (auf Griechisch *hystéra*) benannt. Sigmund Freud fand und kurierte sie ausschließlich bei weiblichen Patienten. So entstand die *Psychoanalyse*. Und er kam auf die Idee, dass Neurosen immer sexuellen Ursprungs seien. Was natürlich nicht wahr ist. Doch tatsächlich gibt es heute keine Fälle von Hysterie mehr. Welches Mädchen regt sich in unseren Zeiten schon noch auf, wenn es das väterliche Gemächt sieht? Sie erzählt höchstens ihrem Bruder davon und meint, seines wäre ohnehin größer. Woraufhin dieser antwortet: »Ja, stimmt. Mama hat das auch schon gesagt.«

Bei Neapolitanern schon gar nicht.

Also fange ich mehr oder weniger skeptisch mit der Hypnose an.

»Erzählen Sie mir, was Sie sehen.«

»Eine Wüste.«

»Gut. Gehen wir weiter. Was sehen Sie noch?«

»Ein Kind.«

»Gut.«

Der Therapeut muss immer »gut« sagen, ganz egal, was der Betreffende sieht, selbst wenn es Horrorszenen sind.

Sonst erschrickt er.

Der Patient natürlich.

Manchmal aber auch der Therapeut.

»Gehen Sie weiter.«

»Es weint.«

»Wer?«

»Das Kind.«

»Wissen Sie, warum?«

»Ja.«

»Warum?«

»Weil es Angst hat.«

»Wovor?«

»Vor allem.«

»Wie, vor allem?«

»Es hat vor allem Angst, aber in erster Linie vor der Einsamkeit.«

»Wieso? Ist es denn allein?«

»Ja.«

»Und deshalb hat es Angst? Weil es allein ist?«

»Ja, denn es kann allein nicht überleben.«

»Und was braucht es zum Überleben?«

»Die Mama. Es braucht die Mama.«

»Und mit der Mama kann es überleben?«

»Ja.«

»Wieso?«

»Weil die Mama das Kind beschützt. Mit der Mama fühlt es sich beschützt.«

»Wie bei Ihnen und Ihrer Frau?«

»Ja.«

»Also ist das Kind wie Sie?«

»Ja.«

»Vielleicht ist da noch mehr dran.«

»Was denn?«

»Vielleicht sind Sie dieses Kind?«

»Ja. Ich bin dieses Kind.«

Das war die Geburtsstunde der Entwicklungs-Psychotherapie.

In der Folge habe ich diese Behandlungsmethode bei allen Neurotikern angewendet, die zu mir in die Praxis kamen.

Auf alle Kinder.

Buben und Mädel.

Mädchen und Jungen.

Alle allein, alle verlassen.

Viele in der Wüste (Jungen).[67]

---

67 Jungs lassen sich von Abenteuerfilmen beeindrucken, die in exotischen Gegenden spielen, in Afrika zum Beispiel oder in Asien, wo es

Einige im Wald (Mädchen).[68]

Allein.

Verlassen.

Voller Angst.

Ohne die Mama.

Im wirklichen Leben hängen alle krankhaft an einer »Mama«.

An der Ehefrau.

Dem Ehemann.

Der Verlobten.

Der Freundin.

Dem Hund.

Aber diese Mütter können keine Heilung bieten.

Denn es sind falsche Mütter.

Sie stehen ihnen auch nicht vierundzwanzig Stunden am Tag zur Verfügung.

Vom Hund mal abgesehen.

Der hat ja keine Wahl.

Aber der Hund redet nicht.

Er sitzt nur da und schaut Sie an.

---

viele Wüsten gibt. In Petershausen oder Bochum fühlt sich nie ein Kind verloren.

68 Die Mädchen hingegen haben vor allem diese schrecklichen Kinderfilme im Kopf, die von Männern erfunden wurden, um sie auch als erwachsene Frauen unter Kontrolle zu behalten. Man muss nur an *Schneewittchen* von Walt Disney denken. Die Ärmste flüchtet in einen Wald, in dem die Äste sich in Arme und Hände verwandeln, die sie anfassen. Das kann einen ja fürs ganze Leben fertigmachen! Dieser Zeichentrickfilm ist recht bezeichnend. Nicht nur für die Mädchen. Auch für Walt Disney!

Das ist ja schon was.

Aber es reicht halt nicht.

Er redet nicht mit Ihnen.

Sie hätten gerne, dass er sagt:

»Fürchte dich nicht, meine Kleine. Deine Mama beschützt dich ja.«

»Mama wird dich nie verlassen.«

»Mama wird dich immer lieb haben.«

»Und dich beschützen.«

»Vor allem und jedem.«

Aber das sagt der Hund nicht.

Meiner Ansicht nach denkt er es nicht einmal.

Dann wäre er nämlich ein ziemlich blöder Hund.

Denn normalerweise ist er auch ein armes verlassenes Geschöpf ohne Mutter.

Er glaubt, dass Sie seine Mama sind.

Das nennt man vom Regen in die Traufe.

Aber die anderen sagen es ja auch nicht.

Letztlich wäre auch niemand in der Lage, dieses Versprechen einzuhalten.

Ständig an Ihrer Seite zu bleiben, ohne Sie je zu verlassen.

Nicht einmal der Hund kann das.

Der haut ab, sobald er Gelegenheit hat.

Ab in die Wüste.

Ab in den finsteren, schreckenerregenden Wald.

Ab in ein feindliches Universum, wo außer Einsamkeit noch Versagen lauert, Armut, Krankheit, Alter und Tod.

Und Sie sind ein kleines Mädchen oder ein kleiner Junge und wissen nicht, wie Sie damit fertig werden sollen.

Das ist die Wurzel Ihrer Ängste.

Ihrer Sorgen.

Ihrer Unsicherheit.

Ihrer Depressionen.

Ihrer Unruhe.

Ihrer Panikanfälle.

Das feindliche Universum.

Und die Ungeheuer, die darin lauern.

Logisch, dass Sie Angst vor denen haben.

Und vor den vielen anderen.

Vor allen Ungeheuern.

Die Sie erfinden, falls mal gerade keine da sind.

Schließlich hat das Kind in Ihnen allerhand Fantasie und kann sich irre Monster ausdenken, die es bedrohen.

Das ist der eigentliche Grund für die kindliche Neurose!

Das *kindliche Selbstbild, das Sie haben.*

Das kindliche Bild von uns selbst ist die Ursache für die kindliche Neurose.

Das Weiterbestehen der kindlichen Persönlichkeit.

Von wegen Trauma!

Es gab kein Trauma.

Im Fachjargon spricht man von der »Neurose ohne traumatischen Hintergrund«.

Aus diesem Grund wird sie auch so selten diagnostiziert.

Weil kein Trauma dahintersteckt, wird die Ursache der Symptome nicht erkannt.

Nichttraumatische Neurosen nannte man bislang »aspezifische Neurosen«.

Weil man ihre Ursache nicht erkannt hat und sie deshalb nicht einordnen kann.

Doch es gibt eine Ursache.

Und ich habe sie gefunden.

Diese ist *das kindliche Selbstbild.*

Das Weiterbestehen der kindlichen Persönlichkeit.

Das ist eine spezifische Ursache.

Von wegen »aspezifische« Neurose!

Es handelt sich um eine echte *kindliche Neurose.*

So entstand die Entwicklungs-Psychotherapie.

Und mein Buch: *Alla ricerca delle coccole perdute.*

Wie meinte doch Buddha: Wer das Leiden beseitigen will, muss die Ursache des Leidens beseitigen.[69]

Wenn also die Ursache des Leidens das kindliche Selbstbild ist, dann muss dieses kindliche Selbstbild entfernt werden, wenn wir vom neurotischen Leiden geheilt werden wollen.

---

69 Der Buddha verkündete die sogenannten Vier Edlen Wahrheiten: 1) Das Leiden existiert. 2) Es hat eine Ursache. 3) Das Leiden kann beseitigt werden. 4) Das Leiden wird beseitigt, indem man seine Ursache beseitigt. Siehe dazu mein Buch: *Zum Buddha werden in 5 Wochen*, München 2007.

Und von wo müssen wir es entfernen?

Aus dem Gedächtnis.

Aber wie?

Man kann das Gedächtnis schließlich nicht so einfach löschen.

Außer durch den Tod.

Und dann?

Den Patienten umzubringen, um ihn zu heilen, ist vermutlich keine so gute Idee.

Selbst wenn das häufig praktiziert wird.

Man beseitigt die Krankheit, doch den Patienten leider gleich mit.

Aber mit dieser Form des Therapierens geht uns Psychologen irgendwann die Arbeit aus.

Um einen Eindruck aus dem Gedächtnis zu löschen, müssen wir vor allem eines tun: ihm einen stärkeren entgegensetzen.

Um einen Eindruck aus dem Gedächtnis zu entfernen, müssen wir einen stärkeren erzeugen.

Der den ersten überlagert oder ersetzt.

Wir müssen also *ein anderes Selbstbild* erzeugen.

Das Selbstbild eines starken, selbstsicheren Menschen, der vor nichts Angst hat.

Das Selbstbild eines *Erwachsenen*.

Wir müssen also die Persönlichkeit des Betroffenen umwandeln: von einer kindlichen zur Erwachsenen-Persönlichkeit.

Um die kindliche Neurose zu kurieren, müssen wir das kindliche Selbstbild durch das eines Erwachsenen ersetzen.

Um die kindliche Neurose zu kurieren, müssen wir das kindliche Selbstbild durch das eines Erwachsenen ersetzen.

Und wie bitte geht das?

Letztlich nur auf eine Weise.

Durch eine *Verpflanzung.*

Wir müssen eine Erwachsenen-Persönlichkeit in den Betreffenden einpflanzen, die letztlich die kindliche ersetzt und aus dem Kind einen Erwachsenen macht.

Genau das versucht die Entwicklungs-Psychotherapie.

Sie macht aus dem Kind einen Erwachsenen, indem sie sein Selbstbild umwandelt.

Die Entwicklungs-Psychotherapie macht aus dem Kind einen Erwachsenen, indem sie sein kindliches in ein Erwachsenen-Selbstbild verwandelt.

Und wie?

Auf dieselbe Weise, wie sich auch das natürliche Selbstbild formiert.

Durch *Suggestion.*

Denn durch die Suggestion, erwachsen zu sein, bildet sich die Erwachsenen-Persönlichkeit heraus.

Worin besteht also die Entwicklungs-Psychologie in erster Linie?

Aus *Suggestion*.

Einer Suggestion, die auf unbewusster Ebene wirkt.

Auch andere Therapien bestehen im Wesentlichen aus Suggestionen, die auf das Unbewusste wirken.

Ihr Fehler liegt vor allem darin, dass sie den falschen Weg zum Unbewussten wählen.

Den Weg über das Gespräch.

Aber das Gespräch bewegt sich auf der bewussten Ebene, und unser Bewusstsein ist voller Blockaden, Prinzipien, Rationalisierungen und Widerstände.

Warum auch sollte man eine Suggestion ans Bewusstsein richten, wenn sie doch vor allem auf das Unbewusste wirken soll?

Wäre es da nicht klüger, sie direkt ans Unbewusste zu adressieren?

Genau das tut die Entwicklungs-Psychotherapie.

Durch Suggestion ein Erwachsenen-Selbstbild im Unbewussten verankern.

Die Entwicklungs-Psychotherapie verankert
im Unbewussten ein Erwachsenen-Selbstbild.

Drei Monate lang habe ich Vincenzo mit Suggestionen bombardiert, die sich an seine Erwachsenen-Persönlichkeit richteten.

Dreimal pro Woche.

Er hatte Angst vor dem Autofahren?

Ich habe ihm die Vorstellung nahegebracht, er sei ein Formel-1-Fahrer.

Ein erwachsener Formel-1-Fahrer.

Er hatte Angst, ein Flugzeug zu besteigen?

Ich habe ihm suggeriert, er sei der Rote Baron, ein deutscher Fliegerheld aus dem Ersten Weltkrieg.[70]

Noch ein Erwachsener.

Er hatte Angst, allein aus dem Haus zu gehen?

Ich habe ihn in eine Welt versetzt, in der er Batman war, der durch die Straßen von Gotham City streift.

Ein total ausgebuffter Erwachsener.

Er hatte Angst in dunklen Ecken?

Ich habe Vincenzo sich vorstellen lassen, er sei Indiana Jones und erkunde die Gräber der Pharaonen.

Noch ein ausgebuffter Erwachsener.

Schließlich war Vincenzo geheilt.

Er hatte zwar das eine oder andere Problem damit, wer er jetzt eigentlich war, aber er war kuriert.

Innerhalb von drei Monaten.

Mit drei Sitzungen pro Woche.

Er war ein wirklich schwieriger Fall.

Aber er hat es geschafft.

Jetzt hat er vor nichts mehr Angst.

Jetzt geht er allein aus dem Haus, nimmt ganz allein den Bus und fährt allein Auto.

Sogar ins Flugzeug setzt er sich allein.

Ohne seine Frau.

---

70 Hier habe ich mich von Snoopy inspirieren lassen, dem Beagle von Charlie Brown, nicht von Manfred von Richthofen. Aber es hat trotzdem geklappt. Denn Snoopy ist ein Erwachsener. Bei Manfred von Richthofen weiß ich das nicht so genau.

Er fragt sich mittlerweile sogar, was er überhaupt mit einer Ehefrau soll.

Aber dafür bräuchte er eine weitere Therapie.

Die Persönlichkeit

Was ist die Persönlichkeit?

Ganz einfach: die *Persona*[71], mit der wir uns identifizieren.

Und woraus besteht diese nun?

Offensichtich aus einem *Bild*.

Einem richtigen *visualisierten Bild* von uns selbst.

Unserem *Selbstbild*.

Aber nicht nur daraus.

Zur Persönlichkeit gehören auch wiederkehrende *Verhaltensweisen*.

Unser »Charakter«.

Und wo sitzen nun all diese Bilder und Verhaltensweisen?

Ganz einfach: in unserem Gedächtnis.

Also ist unsere Persönlichkeit in unserem *Gedächtnis* verankert.

---

71 Der Begriff stammt aus dem Lateinischen und bezog sich auf die Holzmaske, die die Schauspieler verwendeten, um die von ihnen dargestellte Figur zu charakterisieren (»Maske«, »Rolle«). Das Wort »Person« bedeutet daher eigentlich »Persönlichkeit«: ebenjene Persönlichkeit, die wir im Leben darstellen.

Unsere Persönlichkeit ist in unserem Gedächtnis verankert.

Selbstbild und Verhaltensmuster sind miteinander verknüpft.

Wenn eines aktiv wird, aktiviert sich auch das andere.

Beide zusammen bilden das, was wir die »Persönlichkeit« nennen.

Wie aber formiert sich die Persönlichkeit im Gedächtnis?

Zum Beispiel unser *kindliches* Selbstbild?

Das Bild der Kinder in unserem Umfeld sowie unser Selbstbild im Spiegel werden in unserem Gedächtnis gespeichert und formen zusammen unser Selbstbild als Kind.

Damit dieses Selbstbild sich in unser Gedächtnis eingräbt, muss die zugehörige Visualisierung *häufig wiederholt* werden.

Doch unser Selbstbild besteht nicht nur aus einem visualisierten Bild, sondern auch aus dem Konzept eines bestimmten Verhaltensmusters.

Das Selbstbild besteht aus einem visualisierten Bild und dem Konzept eines bestimmten Verhaltensmusters.

In diesem Fall dem Verhaltensmuster des Kindes, das von mangelnder Selbstständigkeit geprägt ist.

Die so zum *existenziellen Zustand* wird.

Zur *persönlichen Identität.*

Zu unserem *Selbstbild.*

Mit diesem ist ein bestimmtes typisches kindliches Verhaltensmuster assoziiert.

Aber wir speichern in unserem Gedächtnis auch typische Verhaltensmuster des Erwachsenen und des Elternteils ab.

Wir sehen diese in unserem mehr oder weniger unmittelbaren Umfeld.

Daher sind in unserem Gedächtnis auch die Erwachsenen- und die Eltern-Persönlichkeit gespeichert.

Wir können also sagen, dass wir drei verschiedene Persönlichkeiten in uns tragen.

Die drei natürlichen Persönlichkeiten des Kindes, des Erwachsenen und des Elternteils.

Die unserer biologischen und sozialen Entwicklung entsprechen.

Diese drei Persönlichkeiten bestehen aus im Gedächtnis gespeicherten Bildern und Verhaltensmustern.

Sie sind also unsere *Datenbanken*[72].

In ersterem Fall handelt es sich folglich um eine Datenbank mit der Bezeichnung »Ich bin ein Kind«.

---

72 Ich benutze diesen Begriff nur, weil ich keinen passenderen kenne.

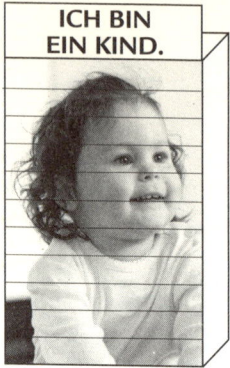

Im zweiten Fall trägt die Datenbank die Bezeichnung »Ich bin ein Erwachsener«.

Normalerweise »Ich bin ein Mann« oder »Ich bin eine Frau«.

Im dritten Fall heißt die Datenbank »Ich bin Vater« oder
»Ich bin Mutter«.

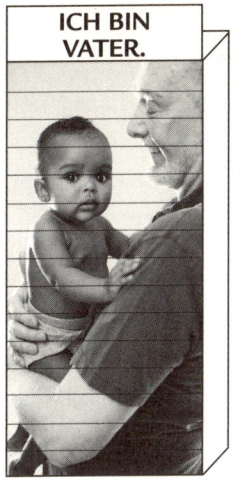

Diese Datenbanken machen unsere Persönlichkeit aus.

Denn sie sind *Programme, die unser Verhalten konditionieren.*

Sie prägen unser ganzes Verhalten: unsere Gefühle,
Handlungen, Eindrücke, Gedanken.[73]

---

73 Wie wir gesehen haben, entsteht das meiste davon *automatisch*. Es
wird vom Unbewussten durch das Selbstbild beziehungsweise die
Persönlichkeit hervorgebracht, mit der wir uns im Augenblick gerade identifizieren. Siehe dazu mein Buch *Wie Sie Ihre Hirnwichserei
abstellen ...*, a. a. O.

Wann und warum wird nun das Verhaltensmuster aktiviert, das mit einer der natürlichen Persönlichkeiten verbunden ist?

Wenn wir in unserem Umfeld Bedingungen vorfinden, die dieses Verhalten auslösen.

Wenn die Umstände zu kindlichen Verhaltensweisen wie Unterwürfigkeit, Entschuldigungen oder Hilfeersuchen führen, dann wird automatisch unsere kindliche Persönlichkeit aktiv.[74]

Machen die Umstände Erwachsenen-Verhaltensweisen wie das Übernehmen von Führung, Durchsetzung oder gar Machtausübung nötig, dann wird automatisch die Erwachsenen-Persönlichkeit aktiv.

Erfordert eine bestimmte Situation elterliche Verhaltensweisen wie Helfen, Schützen oder Hingabe, dann aktiviert sich damit auch die Eltern-Persönlichkeit.

Zumindest ist das so bei *gesunden* Menschen.

Die ihre drei natürlichen Persönlichkeitsanteile entsprechend entwickelt und damit zur Verfügung haben.

Den Tieren gelingt dies in ihrem natürlichen Umfeld spontan.[75]

---

74 Krankheit zum Beispiel führt häufig dazu, dass wir in unsere kindliche Persönlichkeit zurückfallen, da sie unser Ich verletzt. Wenn die kindliche Persönlichkeit besonders stark ist, wird sich die Regression ins Kindliche systematisch vollziehen. Aber natürlich kann auch die Erwachsenen-Persönlichkeit bestehen bleiben, dann findet keine oder nur eine teilweise Regression statt, und man hat die Situation trotz der Krankheit im Griff.

75 Denn Tiere sind eigentlich sehr gesunde Persönlichkeiten. In ihrem natürlichen Biotop gibt es keine neurotischen Tiere. Neurotisch

Was die Menschen angeht, so ist die Voraussetzung die, dass sie über die zu den entsprechenden Persönlichkeiten gehörigen Selbstbilder verfügen.

Wenn man kein Erwachsenen-Selbstbild entwickelt hat, sondern sich weiter mit seinem kindlichen Ich identifiziert, dann ist man nicht in der Lage, Erwachsenen-Verhaltensweisen abzurufen, wenn die Umstände es erfordern.

Und hier gibt es keinen Unterschied zwischen Mensch und Tier: Meist wird die Erwachsenen-Persönlichkeit gebraucht.

Dabei ist es viel schwieriger, die Eltern-Persönlichkeit zu aktivieren.

Denn die Ausbildung der natürlichen Persönlichkeiten erfolgt *nacheinander*.

---

werden sie nur, wenn man sie ins menschliche Umfeld verpflanzt, das für sie unnatürlich ist. Hunde und Katzen, die man der Mutter wegnimmt, noch bevor sie gelernt haben, sich selbst mit Futter zu versorgen, bleiben ihr Leben lang Babys. Das erklärt, weshalb sie sich in der Beziehung zum Menschen so unterwürfig und abhängig zeigen. Wir aber nennen das »Zähmung«. Doch im Grunde ist dieses Verhalten das Pendant zur kindlichen Neurose beim Menschen. In ihrem natürlichen Umfeld würden diese Tiere uns, ohne zu zögern, angreifen, wenn sie Hunger haben, oder sich selbst beziehungsweise ihre Nachkommen verteidigen. Aber auch Kampfhunde sind hochgradig neurotisch, da sie beim Abrichten systematisch unter Stress gesetzt werden. Doch ihre Neurose zeigt ganz andere Kennzeichen als die eben geschilderte: Sie sind sozusagen neurotische Erwachsene, die nur diesen Persönlichkeitsanteil zur Verfügung haben. Sie sind aggressiv und ständig auf Verteidigung ihrer selbst und ihres Territoriums konditioniert.

Wir können nicht Eltern werden, bevor wir nicht erwachsen geworden sind.

> **Wir können nicht Eltern werden,**
> **bevor wir nicht erwachsen geworden sind.**

Die Abfolge Kind-Erwachsener-Elternteil ist der *natürliche Lauf der Dinge*. Sie folgt einer inneren Notwendigkeit.

> *Die Abfolge Kind – Erwachsener – Elternteil kann in ihrer*
> *inneren Ordnung nicht verändert werden.*

Denn wie will man anderen beistehen, wenn man sich selbst nicht helfen kann?

Jeder Versuch, das Verhalten von Eltern zu imitieren, bleibt oberflächlich und behelfsmäßig, wenn sich der Betreffende mit einer kindlichen Persönlichkeit identifiziert.

Er bleibt Kind, ganz egal, was passiert.

Denn die einzige Persönlichkeit, die ihm zur Verfügung steht, ist die kindliche. Das ist wie ein Zwang.

Eine andere Persönlichkeit steht diesem Menschen nicht zur Disposition.

Wie ich bereits erläutert habe, macht ebendas die *Neurose* aus.

Denn die zugehörigen Verhaltensweisen stehen nicht im Einklang mit der Wirklichkeit.

Die eine Erwachsenen-Wirklichkeit ist.

Die ein Neurotiker als Kind erlebt.

Ebendarin besteht die *Neurose*.

Die *kindliche Neurose*.

Man kann unschwer feststellen, dass das Verhalten eines solchen Menschen kindlichen Mustern entspricht.

Die kindliche Neurose besteht ja genau darin, dass die kindliche Persönlichkeit über den natürlichen Punkt der Abnabelung hinaus bestehen bleibt.

Die im Normalfall in der Adoleszenz erfolgt.[76]

Bleibt die kindliche Persönlichkeit über die Adoleszenz hinaus bestehen, wird die Erfahrung der Abhängigkeit und Unselbstständigkeit verlängert. Dadurch verstärkt sich die kindliche Persönlichkeit und wird zur einzig verfügbaren.

Sie wird *verstärkt und tiefer verankert*, weil wir unserem Gedächtnis einen bestimmten Input geben.

Immer wenn ich denke: »Das schaffe ich nicht«, »Das kann ich nicht«, »Ich bin ein Versager!«, »Ich habe Angst« oder »Ich werde nie Erfolg haben«, sage ich mir selbst: »*Ich bin ein Kind.*«

Das ist, als fügte ich dem Buch, das in meiner Datenbank für die kindliche Persönlichkeit gespeichert ist,

---

76 In den Industrieländern allerdings wird die Adoleszenz immer weiter hinausgeschoben. Daher denkt man in diesen Ländern auch, Jugendliche seien viel zu fragil für eine Abnabelung. In den vorindustriellen Gesellschaften allerdings (die wir heute »Dritte Welt« nennen) bleibt die Adoleszenz das Alter, in dem es zur Emanzipation von den Eltern kommt. Das zeigen schon die zahlreichen Initiationsriten, die in diesen Ländern erhalten geblieben sind (zum Beispiel in afrikanischen Dörfern). Diese Riten werden von Jugendlichen zu Beginn der Adoleszenz gefordert.

eine weitere Seite hinzu, auf der wieder einmal steht: »*Ich bin ein Kind.*«

Und ich verwandle mich vom normalen Kind in ein *verängstigtes* Kind.

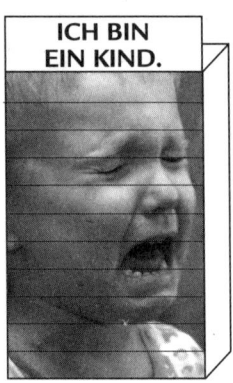

Denn kindliche Reaktionen wie Unsicherheit, Angst, Unruhe, Verzweiflung werden *verstärkt*, wenn sie bei einem Menschen auftreten, von dem eigentlich ein Erwachsenen-Verhalten erwartet wird.

Und so werden aus normalen kindlichen Reaktionen bei laut Geburtsurkunde erwachsenen Personen *neurotische Symptome*.

Es entsteht eine *kindliche Neurose*.

Wenn man Menschen mit kindlicher Neurose in Trance versetzt, zeigen sie ein *infantiles Selbstbild*.

Dieses Selbstbild ist gewöhnlich das eines verängstigten Kindes.

Kindliche Reaktionen wie Unsicherheit, generalisierte Angst, Nervosität, Depression, Panikanfälle, innere Unruhe und manisch-depressives beziehungsweise phobisches (bipolares) Verhalten sind bei Kindern normal. Bei dem Lebensalter nach erwachsenen Personen sind sie *Symptome einer Neurose.*

Die kindliche *Neurose* besteht also darin, dass der Betreffende nur eine Persönlichkeit zur Verfügung hat.

Die *kindliche* nämlich.

Das Selbstbild des Erwachsenen

Wie aber kriegen wir es hin, die kindliche Neurose loszuwerden?

Nun, wir müssen uns eine Erwachsenen-Persönlichkeit aufbauen, die an die Stelle der kindlichen tritt.

Unsere Persönlichkeit setzt sich ja aus zwei Komponenten zusammen: dem Selbstbild und dem Verhaltenskonzept.

Wir brauchen folglich ein Erwachsenen-Selbstbild und Erwachsenen-Verhaltensmuster.

Im Normalfall entsteht beides durch *Erfahrung*.

Die Erfahrung von Unabhängigkeit, Selbstständigkeit und Kontrolle über das Umfeld lässt ein Erwachsenen-Selbstbild entstehen.

Wenn ich feststelle, dass ich zur Unabhängigkeit, Selbstständigkeit und Kontrolle meines Umfelds fähig bin, sage ich mir: »Ich bin ein Erwachsener.« Dann sehe ich mich selbst als Erwachsenen. Das ist meine Visualisierung.

Das ist der gleiche Prozess, der auch mein kindliches Selbstbild hervorgebracht hat.

Immer wenn ich mir selbst sage: »Ich bin ein Erwachsener«, dann bedeutet das: »Ich habe was auf dem Kasten«, »Ich schaffe es«, »Ich kann das« oder »Ich bin dazu fähig«. Dann füge ich dem Buch, das in meiner Erwachsenen-Datenbank gespeichert ist, eine neue Seite hinzu, auf der steht: »Ich bin ein Erwachsener.«

Auf diese Weise entsteht mein Erwachsenen-*Selbstbild*.

Damit mein Erwachsenen-Selbstbild den Platz des kindlichen Selbstbilds einnehmen kann, muss mein »Erwachsenenbuch« mehr Seiten enthalten als mein »Kinderbuch«.

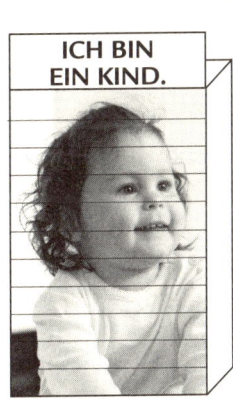

Die Datenbank, in die meine Erwachsenen-Persönlichkeit geschrieben wird, muss also mehr Einträge haben als die, in der mein kindliches Selbstbild gespeichert ist.

117

Nur so kann sie meine kindliche Persönlichkeit ersetzen.

Dazu gehört auch, dass ich *immer wieder* das Erwachsenen-Selbstbild abrufe.

Es ist ganz normal, dass ich mir Bilder schaffe, die mich in Erwachsenen-Kleidern und -Posen zeigen.

Und dass ich mich wie ein Erwachsener fühle.

Immer mehr.

Meine Erfahrungen als Erwachsener wiederholen sich immer häufiger.

Mein Selbstbild als Erwachsener verstärkt sich immer mehr.

Bis es zu meinem dominanten Selbstbild wird.

An diesem Punkt steht mein Erwachsenen-Selbstbild im Einklang mit meiner hauptsächlichen Identität.

Ich bin ein Erwachsener geworden.

Das Selbstbild des Erwachsenen ist also das Ergebnis der Erfahrungen als Erwachsener und der Schaffung einer Erwachsenen-Persönlichkeit.

Wir können also sagen, dass das Selbstbild des Erwachsenen *seiner Persönlichkeit entspricht*.

Die wiederholte Erfahrung der Verhaltensweisen eines Erwachsenen ist die Grundlage für das Erwachsenen-Selbstbild.

Natürlich können wir diese Erwachsenen-Erfahrungen nicht in Form einer Therapie anbieten.

Wir können unsere Kinder (von fünfunddreißig Jahren) nicht am Fallschirm ins Kriegsgebiet runterschicken und sie nach zwei Jahren wieder einsammeln.

Das war natürlich ein Scherz.

Wir würden sie gar nicht wiederfinden.

Da die Speicherung von Verhaltensmustern nur Frucht der Erfahrung sein kann, können wir auf diese Ebene nicht einwirken.

Das Selbstbild aber bleibt uns.

Das Selbstbild ist, wie wir gesehen haben, in einem normalen Entwicklungsprozess die *Frucht* unseres Verhaltens.

Andererseits ist das Selbstbild auch der Motor, der die Persönlichkeit antreibt, ja, sie ausmacht.

Sobald das Selbstbild geschaffen ist, wird es zum *Stimulus* für die Aktivierung des entsprechenden Verhaltensmusters.

Wenn also das Erwachsenen-Selbstbild die Frucht ist, die der natürliche Entwicklungsprozess hervorbringt, und gleichzeitig die Grundbedingung für die Aktivierung der Erwachsenen-Persönlichkeit, dann ist ein *Erwachsenen-Selbstbild* das, was wir anstreben müssen.

Und das können wir auch dann, wenn ein Erwachsenen-Verhalten noch nicht ausgeprägt ist.

Denn das Selbstbild besteht aus *visualisierten Bildern* des eigenen Selbst.

Und diese können wir sehr wohl selbst schaffen.

Wie wir wissen, gehört zum Selbstbild auch ein Verhaltenskonzept.

Doch dieses Konzept müssen wir nicht kreieren.

Wir haben es ja schon.

Die Verhaltensweisen eines Erwachsenen sind schon in unserem Gedächtnis abgespeichert.

Wir alle haben in der einen oder anderen Weise Erwachsenen-Verhalten *bei anderen* erlebt.

Und so finden wir Erwachsenen-Verhaltensmuster in unserem Gedächtnis.

Wenn ich also meinem Gedächtnis ein Erwachsenen-Selbstbild einpräge, das stark genug ist, um das kindliche zu überlagern, dann stoße ich damit einen Prozess an, der mich auch zu einem Erwachsenen-Verhalten führt.

Mein Erwachsenen-Verhalten wird mehr und mehr die Führung übernehmen, wenn ich ein Erwachsenen-Selbstbild habe.

Und es wird am Ende sogar zur Gewohnheit.

Die Tatsache, dass ich mich wiederholt wie ein Erwachsener verhalte, stärkt wiederum mein Selbstbild als erwachsener Mensch.

Bis ich mich eines schönen Tages als erwachsen sehe.

Mich als Erwachsener fühle.

Mich als Erwachsenen betrachte.

Und ein Erwachsener sein werde.

Dann bin ich von meiner kindlichen Neurose geheilt.

Die Entwicklung eines Erwachsenen-Selbstbilds ist der Prozess, der der Entwicklungs-Psychotherapie zugrunde liegt.

Und dem wir das nächste Kapitel widmen.

Die Entwicklung
des Erwachsenen-Selbstbilds

Wie ich an anderer Stelle bereits dargelegt habe, geht die natürliche Persönlichkeitsentwicklung in folgenden Schritten vor sich: Akzeptanz eines Modells, Speicherung als Bild, Nachahmung, Verankerung und Identifikation.[77]

In der natürlichen Entwicklung ist das *Modell* also zentral.

Doch das Modell ist, zumindest soweit es das Unbewusste und das Gedächtnis betrifft, nicht mehr als ein *Bild*.

Im therapeutischen Prozess sollte das zum Modell gehörige Bild das *Selbstbild* des Subjekts werden.

Dem natürlichen Entwicklungsprozess, der sich am *Modell* orientiert, entspricht also der therapeutische Prozess zur Schaffung des *Selbstbilds*.

Das erste Ziel der Entwicklungs-Psychologie ist somit die Schaffung eines Erwachsenen-Selbstbilds.

---

77 Vgl. mein Buch *Alla ricerca delle coccole perdute*, Mailand 2004.

Die Schaffung eines Erwachsenen-Selbstbilds
ist das erste Ziel der Entwicklungs-Psychologie.

Ihre grundlegende Methode zielt darauf ab.

Diese Methode muss etwas sein, was immer wieder wiederholt werden kann, denn wie wir gesehen haben, ist das Selbstbild Frucht der wiederholten Abspeicherung desselben Bildes.

Die Methode ist also eine Art Training.[78]

Es geht somit um ein Training zur Schaffung eines Erwachsenen-Selbstbilds, das ich im Rahmen der Entwicklungs-Psychotherapie erarbeitet habe.

Ich habe es in fünfjähriger therapeutischer Tätigkeit erprobt und weiterentwickelt.

Die Wirksamkeit des Trainings in seiner heutigen Form wird von Hunderten therapeutischer Erfolge bestätigt.

Ich bezeichne es als *Training zur Entwicklung einer Erwachsenen-Persönlichkeit.*

Dieses Training ist die zentrale Methode der Entwicklungs-Psychotherapie.

---

78 Der Begriff »Training« verweist auf einen Lernprozess, der sich sowohl auf intellektuelle Inhalte als auch auf Verhalten beziehen kann. Dieser Lernprozess besteht aus verschiedenen Übungen, die im Laufe mehrerer Sitzungen immer wieder ausgeführt werden. Diese Übungen können *autogen* sein, wenn man sie für sich selbst ausführt, oder *geführt*, wenn Sie von einem Spezialisten angeleitet werden.

Das Training zur Entwicklung einer
Erwachsenen-Persönlichkeit ist die zentrale Methode
der Entwicklungs-Psychotherapie.

Doch was genau wird nun in diesem Training gemacht?

Die Strukturierung der Persönlichkeit findet vor allem im *Gedächtnis* statt, und das heißt im Unbewussten.

Die Persönlichkeit wird im Unbewussten geschaffen.

Doch natürlich hat auch der bewusste Geist etwas damit zu tun.

Der bewusste Geist stößt den Prozess an, bei dem suggestive Inhalte gespeichert werden. Er ruft sie wieder auf und sorgt für ihre konkrete Umsetzung in Verhalten.

Eine typische Sitzung der Entwicklungs-Psychotherapie ähnelt also einer NLP-Technik, die wie gesagt fälschlicherweise als »Hypnose« bezeichnet wird.[79]

Sie besteht in einer geführten Visualisierung, einer Art Wachtraum also.

Das Training zur Entwicklung eines Erwachsenen-Selbstbilds
besteht in einer geführten Visualisierung, einem Wachtraum.

Sowohl der bewusste Geist wie auch das Unbewusste sind an diesem Prozess beteiligt.

Im natürlichen Entwicklungsprozess erfolgt das Erlernen von Verhalten durch *Nachahmung*.

Wie wir gesehen haben, entsteht so das Selbstbild.

---

79 Vgl. L. Cuttica: *L'ipnosi per amare la vita*, Cesena 1999.

Es handelt sich dabei um einen *suggestiven* Prozess. Genauer gesagt einen *autosuggestiven*.

Das ist der natürliche Vorgang, der zur Entwicklung der Persönlichkeit führt.

In der Natur bemüht sich das Kind, die Erwachsenen *nachzuahmen*, und *hat am Ende ein Vorstellungsbild von sich selbst als Erwachsenem.*

Zu diesem Zweck benutzt es das Bild eines Erwachsenen, den es für besonders repräsentativ hält.

Das muss nicht unbedingt ein Elternteil sein.

Auch wenn Eltern natürlich prima Kandidaten für diesen Zweck sind.

Doch diese Ehre muss Papa oder Mama sich erst verdienen.[80]

Die ständige Wiederholung der Imitation und Imagination lässt das Kind schließlich ein Erwachsenen-Selbstbild entwickeln.

Das ist eine Form der *Autosuggestion*.

Eben auf diesen natürlichen Prozess setzen wir, um dem Patienten mit kindlicher Neurose ein Erwachsenen-Selbstbild zu vermitteln und ihn so zu heilen.

Wir setzen auf einen *autosuggestiven* Prozess.

---

80 Was häufig nicht passiert. Die Zeiten der Indianer und Westernhelden, bei denen der Vater als Modell des Jägers und Kriegers galt, der die Familie ernährte und verteidigte, sind ein für alle Mal vorbei. In den Industrieländern werden Nahrung und Schutz von der Gesellschaft bereitgestellt. Väter können da nur noch konsumieren und Versicherungspolicen abschließen: kein sehr attraktives Rollenmodell.

Darin besteht die Entwicklungs-Psychotherapie.

Sie schafft ein Erwachsenen-Selbstbild, das sich über das kindliche Selbstbild legt.

Doch bevor ich nun näher auf das Training eingehe, möchte ich noch die Dynamik *suggestiver Prozesse* näher erläutern.

Die Suggestion besteht im Anlegen einer »Datenbank«, die unsere Reaktionen und Verhaltensweisen steuert.

Selbst unsere Gedanken.

Wie wir das bereits im Kapitel über die Persönlichkeit gesehen haben.

Unsere Datenbanken werden durch zwei verschiedene Prozesse aufgebaut.

Emotion und *Wiederholung.*

Ereignisse, die uns emotional besonders betroffen haben, rufen wir uns systematisch, manchmal sogar zwanghaft immer wieder ins Gedächtnis.

Siege, Niederlagen, Eroberungen, Verletzungen.

Alles, was wir wiederholt gespeichert haben, kommt uns unweigerlich wieder ins Gedächtnis.

Dinge, Ereignisse, Menschen, die wir Tag für Tag sehen oder erleben.

Die Werbefachleute wissen das.

Deshalb bombardieren sie uns ja von morgens bis abends mit Werbespots.

Bis sie sich in unser Gedächtnis eingegraben haben.

Und wenn wir dann eine Zahncreme kaufen, greifen wir automatisch zu dem Produkt, das wir immer wieder in der Werbung gesehen haben, ohne auch nur zu wissen, warum.

Das ist *Konditionierung*.

Die aus einer Autosuggestion entsteht.

Ich spreche auch hier von *Auto*suggestion und nicht von Suggestion, weil der suggestive Prozess auf jeden Fall in *unserem Inneren* stattfindet.

In unserem Unbewussten.

Auch wenn der Input von außerhalb kommt.

Doch zurück zur Entwicklungs-Psychotherapie: Grundsätzlich stehen uns zwei Wege offen.

Emotion oder Wiederholung.

Warum aber nicht beide zugleich beschreiten?

Um in kürzester Zeit den stärksten Effekt zu erzielen?

Zeit ist im therapeutischen Prozess ein wichtiger Faktor.

Vor allem in der Psychotherapie, die normalerweise mehr Zeit beansprucht als eine medizinische Behandlung.

Nirgends steht geschrieben, dass es verboten wäre, beide Möglichkeiten zugleich anzuwenden.

Die Emotion und die Wiederholung.

Schließlich lassen die beiden sich ja kombinieren.

Und mehr noch: Sie verstärken sich gegenseitig in ihrer Wirkung.

Wie in der Natur.

Im natürlichen Entwicklungsprozess.

Um emotional etwas zu bewegen, können wir natürlich keinen harten, stumpfen Gegenstand verwenden, um dem Betreffenden ein neues Selbstbild einzuhämmern.

Auch wenn das Kind in ihm das sicher verdient hätte.

Es genügt, ihm einen ausreichend *starken* Input zu geben.

Der ihn emotional anspricht und sich ihm tief einprägt.

Das ist es, was wir mit dem Training erreichen wollen.

Dann wiederholen wir den Input so oft, wie es nötig ist, damit der Patient das Erwachsenen-Selbstbild entwickelt, das sein Leben verändert.

Darum geht es in der Entwicklungs-Psychotherapie.

Um ein suggestives Training, das so oft wiederholt wird wie nötig, damit sich die Erwachsenen-Persönlichkeit herausbilden kann.

Die Entwicklungs-Psychotherapie besteht aus einem suggestiven Training, das so oft wiederholt wird, bis sich eine Erwachsenen-Persönlichkeit herausgebildet hat.

Der Suggestionsprozess wird keineswegs nur in der Entwicklungs-Psychotherapie angewendet.

Er ist vielmehr Bestandteil jeder Therapie.

Auch der medizinischen.

Aber er gehört auch zum *natürlichen Entwicklungsprozess.*

Die Umweltbedingungen prägen die Persönlichkeit, indem sie im Gedächtnis ein Selbstbild schaffen, das dieser Persönlichkeit entspricht.

Die Umweltbedingungen nämlich haben ebenjenen emotionalen und wiederholten Charakter, der Grundlage des Suggestionsprozesses ist.

Genauso funktioniert die Entwicklungs-Psychotherapie.

Der Prozess, der in der Natur vermittels Umweltbedingungen und Erfahrung abläuft, wird in der Entwicklungs-Psychotherapie vom Training nachgeahmt.

Doch bevor wir das Training der Entwicklungs-Psychotherapie beschreiben, wollen wir zuerst feststellen, was in diesem Zusammenhang mit *Modell* gemeint ist.

Das Modell

Wie wir sehen konnten, steht in der natürlichen Entwicklung das Modell im Zentrum der Persönlichkeitsbildung.

Daher steht das Modell auch im Mittelpunkt des Trainings.

Denn das Modell erlaubt uns ja erst, jenes Erwachsenen-Selbstbild zu schaffen, das Ziel der Entwicklungs-Psychotherapie ist.

Das Modell muss dem Betroffenen angepasst werden.

Das bedeutet, man muss es seinem kulturellen Umfeld entnehmen.

Ein New Yorker Bankangestellter kann mit dem Modell eines Schrumpfkopfjägers aus Amazonien nicht viel anfangen.

Der Schrumpfkopfjäger passt nun mal besser nach Amazonien.

Das Modell muss aber nicht nur dem Kulturkreis des Betroffenen entstammen, es muss auch sein Unbewusstes ausreichend beeindrucken.

Es muss also eine bestimmte *Kraft* entwickeln.

Folglich muss es besonders *suggestiv* sein.

Das Modell muss ausreichend suggestiv sein.

Es kann aus dem realen Leben stammen.

Ein Elternteil, ein Bekannter, ein Nachbar, ein Mensch, den man unter bestimmten Umständen kennengelernt hat – alle können Kandidaten für das Erwachsenen-Modell des Betroffenen sein.

Wenn er ihnen das Kennzeichen zuschreibt, in besonderem Maße das Erwachsensein zu verkörpern.

Aber das Modell kann natürlich auch aus der *imaginären Welt* kommen.

Aus der Literatur, dem Kino, dem Fernsehen.

Es kann ein Schauspieler sein oder eine Filmfigur.

Arnold Schwarzenegger.

Sylvester Stallone.

Marilyn Monroe.

Valeria Marini.[81]

Der Graf von Monte Christo.[82]

Indiana Jones.

Mata Hari.

---

81 Valeria Marini ist eher ein männliches als ein weibliches Ideal. Die meisten Frauen hassen sie, weil sie in einer Welt, in der Schönheit unweigerlich mit Magersucht verknüpft wird, geradezu fett wirkt. Aber das ist nur der blanke Neid!

82 Der Graf von Monte Christo ist das Idealbild des Rächers. Als man ihn seiner Besitztümer und seines Glücks beraubt hatte und er im Gefängnis saß, schwor er sich: »Ich werde reich werden – und mich rächen.« Genau das tat er dann auch. Er ist das ideale Modell für tragikomische kleine Angestellte mit infantiler Persönlichkeitsstruktur, die von sadistischen Chefs und mobbenden Kollegen gequält werden.

Lara Croft.

Zwei Figuren allerdings dürfen nicht als Modell verwendet werden.

Der Märchenprinz und Aschenputtel.

Diese beiden bitte nicht.

Außer natürlich eine Frau entscheidet sich für das Märchenprinzmodell und ein Mann für Aschenputtel.

Das wäre sicher eine interessante Ausgangsbedingung für die weitere Entwicklung der Neurose. Eine, die ich noch nie erlebt habe.

Im umgekehrten Fall können Sie Ihrer weiteren Entwicklung getrost Adieu sagen.

Dann bleiben Sie nämlich Ihr Leben lang Kind.

Denn Märchenprinz wie Aschenputtel legen ihr Glück in fremde Hände.

Was typisch Kind ist.

Das Modell kann aber auch einer bestimmten Funktion oder Aktivität entsprechen.

Soldat zur See zum Beispiel.

Oder Fernsehballetteuse.

Pilot.

Schauspielerin.

Jäger.

Model.

Bankier.

Callgirl.[83]

---

83 Und warum kein Callgirl? Ich habe mehrere Patientinnen von ihren sexuellen Problemen geheilt, indem ich sie eine bestimmte Visualisierung machen ließ: Sie mussten sich vorstellen, ein Callgirl zu

Vielleicht ist es auch nur ein Mann beziehungsweise eine Frau mit besonderen Kennzeichen.

Ein großer Verführer.

Ein schöner Mann.[84]

Eine tolle Frau, verführerisch und schillernd.

Oder stark und kämpferisch, wie viele Frauen heute gern sein möchten. Schließlich überschwemmen uns die Massenmedien mit diesem Modell Tag für Tag.

Nun ja, Sie können also jedes denkbare Modell wählen.

In meinem Training verwende ich zwei »Trägermedien«, mit denen der Betreffende eine beliebige Vorstellung verknüpfen kann: die *Dame des Lichts* und den *Krieger des Lichts*.[85]

---

sein. Warum das funktioniert hat, ist mir bis heute schleierhaft. Eines aber ist sicher: Sie haben meine Rechnungen bezahlt, ohne auch nur mit der Wimper zu zucken.

84 Sich als schönen Mann vorzustellen ist für einen Mann ziemlich sinnlos. Zunächst einmal, weil die Frauen intelligent genug sind, um die Schönheit eines Mannes nicht besonders wichtig zu nehmen. Natürlich nur, wenn sie über dreißig sind. Die Frauen. Und dann, weil das ein vergebliches Unterfangen ist. Dasselbe gilt übrigens für Frauen. Das Problem ist, dass sie es nicht wissen. Interessanter jedenfalls ist es, wenn sich eine Frau vorstellt, ein schöner Mann zu sein.

85 Die Namensgleichheit meiner Trägergestalt mit Paulo Coelhos »Krieger des Lichts« ist nur Zufall und keineswegs gewollt. Der »Krieger des Lichts« von Coelho ist literarisch, esoterisch und eher vom Archetyp des alten Weisen inspiriert, der nichts mit der Persönlichkeit zu tun hat, die wir schaffen wollen, nämlich dem reifen Erwachsenen.

Diese Trägergestalten werden inhaltlich nicht definiert. So kann der Betreffende das Modell ganz nach seinem kulturellen Hintergrund, seinen Vorstellungen und Fähigkeiten füllen.

Er kann es seiner Person anpassen.

Seiner Kultur entsprechend.

Im Prinzip erlaubt uns dieses Modell auch, die eigenen Grenzen über die Wirklichkeit hinaus zu erweitern, denn es hat ja therapeutische Funktion.[86]

Entscheidend ist schließlich, dass es im Bilderreigen des Betreffenden eine *Erwachsenen-Persönlichkeit* repräsentiert.

Das Modell muss im Bilderfundus des Klienten für eine Erwachsenen-Persönlichkeit stehen.

Eine Erwachsenen-Persönlichkeit, die ihr Umfeld unter Kontrolle hat, eine Kontrolle, die dem Kind fehlt.

Denn der natürliche Impuls, das Modell nachzuahmen, erwächst ja gerade aus der Überzeugung, dass die vorgestellte Persönlichkeit dies kann.

Dass sie ihr Umfeld im Griff hat.

Das Modell muss sein Umfeld kontrollieren können.

---

86 Wer hat sich als Kind nicht mal vorgestellt, er sei Superman oder Kaiserin Sisi? Schwierig ist es nur, sich zwischen den beiden zu entscheiden.

Häufig ist der kindliche Neurotiker nicht fähig, für sich ein geeignetes Modell zu wählen.

Obwohl er gerade in der imaginären Welt eine Vielzahl von Erwachsenen-Modellen finden würde.

Doch er findet keines, weil er überhaupt nie auf die Idee gekommen wäre, sich ein solches Modell zu suchen.

Er hat es also aus seinem Interessenkreis völlig ausgeschlossen.

Zum einen, weil er als echtes Kind Erwachsene hasst.

Die wollen ihm nämlich nicht alles abnehmen.

Sondern gehen einfach ihrer Wege.

Daher nennt er sie nur »die Arschlöcher«.[87]

Würde ihm gar nicht einfallen, solche Leute als Modell zu benutzen.

So ist seine kindliche Persönlichkeit nun mal strukturiert, und er hält leidenschaftlich an ihr fest.

Denn häufig leidet er unter dem *Peter-Pan-Syndrom*.

Der kindliche Neurotiker will nicht wachsen.

Er hält das Kind für kreativ, liebevoll, menschlich et cetera.

Er sieht das destruktive Leiden nicht, von dem er erdrückt wird.

Zum anderen will er sich kein Modell wählen, denn ihm als Kind, dem eine überprotektive Familie (und Gesellschaft) ständig beispringen, fehlt schlicht der Impuls, sich zu emanzipieren und erwachsen zu werden.

---

87 Siehe mein Buch *Il fascino discreto degli stronzi*, a. a. O.

Dies stellt zu Anfang der Therapie ein häufiges Hindernis dar. Der kindliche Neurotiker findet tausend Ausreden, um sich nicht mit den Modellen des Erwachsenseins auseinandersetzen zu müssen.

Daher lehnt er zu Anfang die Therapie meist radikal ab.

Er hält sich ja für vollkommen gesund.

Er glaubt, sein Bedürfnis nach Zuneigung sei völlig normal und natürlich.

Er weiß nicht, dass dieses Bedürfnis, wenn es nicht nur gelegentlich auftritt, sondern chronisch geworden ist, allein bei Kindern normal ist.

Nicht aber bei Erwachsenen, die sich für Kinder halten und entsprechend benehmen.

Bei Neurotikern also.

Die krankhafte Fälle sind und bleiben.

Wenn der Neurotiker in eine Therapie kommt, dann, weil andere ihn schicken, denen sein infantiles Gehabe auf die Nerven geht.

Oder weil seine Neurose *körperliche Auswirkungen* zeitigt.

Und gravierende Störungen in der Lebensbewältigung mit sich bringt.

Denn damit geht sein Leidensweg los: zuerst zum Hausarzt, dann zum Neurologen (Psychopharmaka), zum Psychiater (mehr Psychopharmaka), zum Psychotherapeuten (der vor dem Aufkommen der Entwicklungs-Psychotherapie nur an den Symptomen herumkuriert, weil er die eigentliche Ursache der Störung nicht ausmachen kann), Selbstmord (auch symbolisch durch Drogenabhängigkeit, Isolation, tödliche Krankheiten).

Der Psychotherapeut ist meist die letzte Station, weil die meisten Leute gar nicht wissen, was ein Psychotherapeut überhaupt tut. Zumindest in Italien ist das so.[88]

Wie bereits gesagt, sollte das Modell hinreichend *suggestiv* sein.

Dazu ist ein gewisses *Geheimnis* nötig.

Je weniger wir von einer Sache wissen, desto mehr wollen wir darüber in Erfahrung bringen.

Dies ist einer der ältesten Tricks, den Frauen anwenden, um Männer zu verführen.

Für unser Modell sehr passend.

Je *geheimnisvoller* das Modell ist, desto größer ist seine *suggestive Kraft*.

Das ist der Grund, weshalb ich den *Krieger des Lichts* und die *Dame des Lichts* als Trägergestalten gewählt habe.

Es handelt sich dabei nicht um inhaltlich definierte Modelle.

Sie sind offen für alles.

Und daher *geheimnisvoll*.

---

88 In den USA hingegen ist Psychotherapie geradezu eine Modeerscheinung, wofür vor allem die weite Verbreitung der Psychoanalyse verantwortlich ist (man denke nur an die Filme von Woody Allen). Aber in vielen europäischen Ländern ist die wohlhabende Mittelschicht einfach nicht so zahlreich. (Eine Psychoanalyse erfordert viele Sitzungen und ist daher sehr kostspielig.) Die Therapieformen, die später – auch in den USA – die Psychoanalyse ersetzt haben, konnten sich dort nicht im selben Ausmaß verbreiten.

Deshalb steckt in ihnen so viel Kraft, Energie, Autorität und Charisma.

Je mehr Kraft, Energie, Autorität und Charisma in einem Modell steckt, umso besser eignet es sich für den suggestiven Prozess.

Denn das Modell in unserem therapeutischen Prozess richtet sich an das *Unbewusste*, nicht an das bewusste Selbst.

Das Modell richtet sich an das Unbewusste.

Und das Unbewusste arbeitet mit *emotionalen* Impulsen, nicht mit rationalen.

Das Unbewusste arbeitet mit emotionalen Impulsen.

Wir müssen aus dem Modell also ein Bild schaffen, das so beeindruckend ist, dass es in die imaginative und emotionale Sphäre des Subjekts eindringen und sich dem Unbewussten tief einprägen kann.

Je suggestiver das Modell ist, desto besser verankert es sich im Unbewussten.

Der *Krieger des Lichts* und die *Dame des Lichts* sind sehr suggestive Bilder.

Eben weil sie nicht inhaltlich definiert sind. Das umgibt sie mit dem Schleier des Geheimnisses.

Und weil die Modelle in meinem Training nicht *personalisiert* sind, protestieren viele Patienten erst einmal, wenn sie damit arbeiten sollen.

Das Kind in uns möchte nämlich eine Sonderbehandlung, die seiner Persönlichkeit entspricht, es will, dass der Therapeut ihm seine ganze Aufmerksamkeit schenkt.

Der ja die Mama ist.

Denn das Kind braucht die *Sicherheit* des Genährtwerdens.

Doch auf diese Weise wird man nie erwachsen.

Dann erfährt das Kind das schmerzhafte Verlassenwerden durch die Eltern.

Die Aufgabe der Therapie besteht nicht darin, das narzisstische Ich des kindlichen Neurotikers kurzfristig und relativ sinnlos zufriedenzustellen.

Es geht vielmehr darum, die kindliche Persönlichkeit, die von imaginären Ängsten gequält wird, zum Erwachsenen zu machen, der vor nichts Angst hat und der den Herausforderungen des Lebens tapfer, gelassen und erfolgreich begegnet.

Der Erfolg des therapeutischen Prozesses hängt unter anderem davon ab, dass man ein Modell verwendet, welches als Träger der mehr oder weniger fantastischen Projektionen jedes Patienten dienen kann.

Und der *Krieger des Lichts* beziehungsweise die *Dame des Lichts* sind hierzu hervorragend geeignet.

Wie wir wissen, sind das Selbstbild und das zugehörige Verhaltenskonzept im Gedächtnis verankert.

Also im Unbewussten.

Wenn wir die Persönlichkeit verändern wollen, müssen wir also mit dem Unbewussten arbeiten.

Die Veränderung der Persönlichkeit
findet im Unbewussten statt.

Für unsere Zwecke müssen wir das kindliche Selbstbild im Unbewussten durch ein Erwachsenen-Selbstbild ersetzen, das von unserem Modell repräsentiert wird.

Dieses Resultat lässt sich durch Einwirken auf unser bewusstes Selbst nicht erzielen.

Eine Gesprächstherapie hat in diesem Fall keinen Erfolg.

Durch bloße Worte überzeugt man kein Kind, sich zum Erwachsenen zu wandeln.

Es braucht vielmehr Emotionen, die sich seinem Gedächtnis so intensiv einprägen, dass sie ein Erwachsenen-Selbstbild schaffen können.

Ebendies wollen wir mit dem Training zur Entwicklung eines Erwachsenen-Selbstbilds erreichen.

Das Training zur Entwicklung eines Erwachsenen-Selbstbilds hat mehrfach unter Beweis gestellt, dass es ein kindliches Selbstbild in ein Erwachsenen-Selbstbild umwandeln kann.

Darum wollen wir uns jetzt einmal anschauen, worin dieses Training eigentlich besteht.

Das Training zur Entwicklung einer Erwachsenen-Persönlichkeit

Die zentrale Methode der Entwicklungs-Psychotherapie ist das Training zur Ausbildung einer Erwachsenen-Persönlichkeit.

Das Training zur Ausbildung einer Erwachsenen-Persönlichkeit ist die zentrale Methode der Entwicklungs-Psychotherapie.

Dieses muss während des Heilungsprozesses so häufig wie möglich ausgeführt werden.

Das Training zur Ausbildung einer Erwachsenen-Persönlichkeit wird während der für die Heilung benötigten Zeit so oft wie möglich ausgeführt.

Bis die Symptome wie innere Unruhe, Depression, Panikanfälle, Unsicherheit et cetera verschwinden.
Oder bis die *Angst* verschwindet.
Durchschnittlich sind dazu drei Monate erforderlich.
In manchen Fällen hat sogar ein Monat genügt.
In anderen hat es sechs Monate gedauert.

Der entscheidende Faktor hierbei ist das Lebensalter. Je länger wir mit unserer kindlichen Persönlichkeit gelebt haben, desto schwieriger ist es, sie hinter uns zu lassen.

Die Dauer der Therapie hängt vom Alter des Betreffenden ab und von der Dauer der Vorherrschaft der kindlichen Persönlichkeit.

Das Training erfordert einigen Einsatz.

Das Training zur Entwicklung einer Erwachsenen-Persönlichkeit verlangt Einsatzbereitschaft.

Das Training zur Ausbildung einer Erwachsenen-Persönlichkeit erfordert einen anderen Zeitaufwand und eine andere Häufigkeit der Anwendung als andere Therapieformen.

Der Patient kann sich zur Heilung nicht ausschließlich auf den Therapeuten verlassen.

Er kann nicht dreimal pro Woche zum Therapeuten gehen und die übrige Zeit weiter als Neurotiker herumlaufen. Die Verantwortung für die Heilung liegt nicht beim Therapeuten.

Sie können nicht erwarten, dass ein *Deus ex machina* auftritt und all Ihre Probleme löst, während Sie sich bequem zurücklehnen.

Das wäre eine *infantile* Erwartungshaltung.

Und auch eine unrealistische.

Denn es gibt keinen Therapeuten auf der ganzen Welt, der Sie zum Erwachsenen machen könnte
Es gibt nur einen Menschen, der das zuwege bringt.
Sie selbst.
Denn schließlich müssen *Sie* sich ja verändern.
Nicht der Therapeut.
Der Therapeut wird nur dann ein anderer, wenn Sie ihn wechseln.
Das Training zur Entwicklung einer Erwachsenen-Persönlichkeit aber wird Ihr Leben entscheidend verändern.

Das Training zur Entwicklung einer
Erwachsenen-Persönlichkeit wird Ihr Leben verändern.

Doch Sie müssen dafür etwas *tun*.
Sie müssen all Ihre Kraft darauf verwenden.
Schließlich geht es um Ihr Leben.
In der Natur ist dies der normale Prozess des Heranwachsens.
Das Kind strebt danach, erwachsen zu werden. Es will eigentlich nur das.
Denn davon hängt sein Überleben ab.
Daher müssen Sie all Ihre Aufmerksamkeit, Energie, Ihre Leidenschaft auf das Training zur Entwicklung einer Erwachsenen-Persönlichkeit konzentrieren.

Das Training zur Entwicklung einer Erwachsenen-
Persönlichkeit muss während der gesamten Therapie
den Mittelpunkt Ihres Lebens bilden.

Das Ergebnis wird sein, dass Sie *Ihre Ängste überwinden*.

Das Resultat des Trainings zur Entwicklung einer Erwachsenen-Persönlichkeit ist die Befreiung von der Angst.

Angst ist der natürliche Zustand des Kindes.

Die Entwicklung der Erwachsenen-Persönlichkeit ist das konkrete Ergebnis des Trainings. Sie bewirkt, dass die chronische Angst endlich verschwindet.

Zu diesem Zweck aber müssen Sie Ihr kindliches Selbstbild in ein Erwachsenen-Selbstbild umwandeln.

Ihr Bild vom Erwachsensein muss als Ziel ständig in Ihrem Bewusstsein verankert werden. Ihr ganzes Sein muss sich auf diesen Prozess richten.

**Ihr Selbstbild als erwachsener Mensch
muss Ihnen ständig bewusst sein.**

Ihr Selbstbild als erwachsener Mensch muss für Sie dasselbe sein wie Steuerflüchtlinge für den Steuerfahnder.

Eine echte Obsession.

Allerdings mit besseren Aussichten, dass Sie Ihr Selbstbild zu fassen bekommen.

Dabei dürfen Sie allerdings die kindliche Persönlichkeit und ihre Widerstandskraft nicht unterschätzen.

Die Tatsache, dass die kindliche Persönlichkeit sich zunächst als *Bild* oder *Konzept* präsentiert, darf Sie nicht irremachen.

Auf psychischer Ebene ist sie vollkommen *real*.
Das Kind in uns gibt es tatsächlich.

Das Kind in uns ist ganz real.

Und es wird sich mit Zähnen und Klauen jeder Veränderung widersetzen.

Das Kind wird sich gegen die Wandlung wehren.

Doch Sie müssen ihm die Kontrolle über Sie selbst und Ihr Leben entreißen.

Für das Kind geht es also um seine Macht und um sein Überleben.

Das Kind wird alles tun, um die Oberhoheit zu behalten.

Es wird sie – wie gesagt – mit Zähnen und Klauen verteidigen.

Schon oft habe ich dieses Kind Unglaubliches vollbringen sehen, nur um die Kontrolle zu behalten.

Es wird Ihnen Zweifel einflößen.

An der Diagnose der »kindlichen Neurose«.

»Ich bin doch kein kleines Mädchen, sondern eine besonders sensible Erwachsene. Ich habe nur Pech gehabt.«

An der Therapie selbst.

»Diese Therapie taugt doch gar nichts. Keine Therapie kann mein Leiden lindern.«

Am Therapeuten.

»Der will mich doch nur manipulieren.«

An der Notwendigkeit der Entwicklung.

»Ich will nicht erwachsen werden. Es ist doch schön, so ein klein bisschen Kind zu sein. Die Erwachsenen sind eh nur unsensible Egoisten.«

Und so weiter.

Wenn Ihnen solche Gedanken durch den Kopf gehen, müssen Sie verstehen, dass es Ihr inneres Kind ist, das hier das Wort ergriffen hat.

Die Einwände gegen Ihre seelische Entwicklung kommen vom inneren Kind.

Doch die Persönlichkeit des Kindes widersetzt sich der Therapie vor allem dadurch, dass es Sie verleitet, das Training nicht vollständig oder korrekt durchzuführen.[89]

Das Kind wird sich widersetzen.

Es wird Einwände vorbringen.

---

89 Die einzigen Fälle, die von der Entwicklungs-Psychotherapie nicht mit Hilfe des Trainings zur Ausbildung einer Erwachsenen-Persönlichkeit geheilt wurden, sind jene, in denen der Patient den therapeutischen Prozess nicht vollständig oder korrekt durchlebt hat. Von den Leuten mal abgesehen, die erst gar keine Therapie machen. Die Mehrheit also. Für den Augenblick. Doch es wird der Tag kommen, an dem das Training zur Entwicklung einer Erwachsenen-Persönlichkeit von der Krankenkasse empfohlen wird. Wie die Impfung gegen Kinderlähmung von der Ständigen Impfkommission. Denn jede Kultur kennt einen solchen Prozess. Nur heißt er anderswo gewöhnlich »Initiation«.

Auch wenn diese einen emotionalen Hintergrund haben, da das Kind Angst hat, die Oberhoheit zu verlieren, so werden sie doch *rational* klingen.

»Warum soll ich mich ändern? Es ist doch alles in Ordnung mit mir.«

»Es ist doch ganz schön, ein klein bisschen Kind zu sein.«

»Kinder sind schließlich süß.«

»Kinder sind spontan.«

»Kinder sind aufrichtig.«

»Erwachsene sind doch sowieso Idioten.«

Und so weiter.

Diese Einwände müssen auf der rationalen Ebene widerlegt werden.

Die Einwände des Kindes müssen rational widerlegt werden.

Sie müssen ihm also sagen:

»Kinder sind eine Plage.

Sie sind immer auf andere angewiesen.

Und dauernd unzufrieden.

Weil sie immer etwas wollen, was nicht da ist.

Erwachsene hingegen sind zufrieden.

Weil sie sich selbst genügen.

Und mit sich zufrieden sind.

Sie nehmen die Dinge, wie sie kommen.

Und freuen sich des Lebens.«

Das ist der *kognitive* Part der Entwicklungs-Psychotherapie.

Wir müssen begreifen, dass das Leiden von der kindlichen Persönlichkeit herrührt.

Ja, dass die kindliche Persönlichkeit die Ursache des Leidens ist.

Die kindliche Persönlichkeit ist die Ursache des Leidens.

Sie müssen es also schaffen, dieser hinderlichen Persönlichkeit Paroli zu bieten.

Wir müssen mit dem Kind in uns reden.

Und es dazu animieren, Platz zu machen.

Es muss nicht freiwillig aus dem Leben scheiden.

Sondern einfach nur Platz machen.

Wenn nötig, helfen wir mit einem Fußtritt nach.

In der Entwicklungs-Psychotherapie ist eine gewisse Wut auf den infantilen Teil unser selbst, der unser Leben kaputtmacht, erlaubt und heilsam.

Eine gewisse Wut auf den kindlichen Teil unser selbst,
der unser Leben kaputtmacht, ist in der
Entwicklungs-Psychotherapie ganz heilsam.

Unser anfänglich recht behutsamer Umgang mit dem Kind in uns kann im Verlauf der Therapie einer gewissen emotionalen Heftigkeit weichen, die durchaus legitim ist.

Die wir im *inneren Dialog* auch ausdrücken sollten.[90]

---

90 Diese Technik wird vor allem in der Gestalttherapie eingesetzt, aber auch in der Psychosynthese.

Der innere Dialog ist ebenfalls wesentlicher Bestandteil der Entwicklungs-Psychotherapie.

Der innere Dialog ist ein wichtiger Bestandteil
der Entwicklungs-Psychotherapie.

Mit dem Kind in uns zu reden ist ein hochwirksames therapeutisches Mittel.

Um die kindliche Persönlichkeit abzulegen, müssen Sie das Kind in sich davon überzeugen, dass es abzudanken und Sie Ihr Erwachsenenleben führen zu lassen hat.

Sie müssen das innere Kind davon überzeugen,
dass es Platz machen und Sie Ihr Leben als Erwachsener
führen lassen muss.

Am Ende sind es die Ergebnisse, die den Widerstand der infantilen Persönlichkeit überwinden helfen.

Die Tatsache, dass schwerwiegende Symptome wie Angst, Panikanfälle, Unruhe, Depression gelindert werden, wird Sie überzeugen, dass diese Therapie wirkt.

Mit einer Nebenwirkung allerdings ist beim Training zur Entwicklung einer Erwachsenen-Persönlichkeit zu rechnen.

Eigentlich ist es eher ein Glücksfall als eine Nebenwirkung.

Denn Sie werden Ihre Eltern verlassen.

Bei denen Sie vermutlich bis heute gelebt haben.[91]

Sie müssen also tun, was Sie schon vor sechzehn Jahren hätten tun sollen.

---

91 Als Ü30 noch bei den Eltern zu wohnen ist häufig die Ursache der kindlichen Neurose. Die meisten Patienten, die eine kindliche Neurose entwickeln, sind noch nicht ausgezogen. Daher ist diese Tatsache auch für die Diagnose von Belang.

Die geführte Visualisierung

Das Training zur Entwicklung einer Erwachsenen-Persönlichkeit besteht aus zwei Teilen.

Der *geführten Visualisierung* und dem *Verstärker*.

Zunächst einmal beschäftigen wir uns mit der geführten Visualisierung.

Um das Unbewusste davon zu überzeugen, dass es die kindliche Persönlichkeit loszulassen und stattdessen die eines Erwachsenen anzunehmen hat, müssen wir eine *Repräsentation* dieses Prozesses durchleben.

Ebendies geschieht in der Natur.

Das Kind träumt davon, erwachsen zu werden.

Es stellt sich vor, wie es sein Umfeld beherrscht.

Im therapeutischen Prozess stellen wir dies mit Hilfe der geführten Visualisierung nach.

Dabei ist es von Bedeutung, dass sowohl das Unbewusste als auch das bewusste Selbst am Prozess beteiligt sind.

Das Unbewusste muss sich also für den Input von außen öffnen.

Das geschieht im Zustand der Entspannung, ja, der Schläfrigkeit.

In der Psychotherapie nennt man diesen Zustand »Trance«.

Es handelt sich dabei nicht um Hypnose, auch wenn der Begriff in diesem Zusammenhang häufig (aber falsch) verwendet wird.

Bei der echten Hypnose wird der Betreffende tatsächlich in *Schlaf* versetzt, in einen nichtbewussten Zustand also.

Eine geführte Visualisierung hingegen macht man in einem leichten Trancezustand.

Die geführte Visualisierung wird in leichter Trance ausgeführt.

Die Beteiligung des bewussten Parts unser selbst ist unbedingt erforderlich, denn nur so können wir später die Suggestion entsprechend verstärken.

Wir müssen also wach bleiben.

Manche schlafen während des Trainings ein.

Das passiert vor allem, wenn sie unter starker Spannung stehen.

Die sich, wie wir wissen, in muskulärer Anspannung niederschlägt.

In Muskelarbeit also.

Daher haben diese Menschen ständig ein Energiedefizit.

Wenn sich also zu Beginn des Trainings die Entspannung einstellt, holen sie erst einmal ihr Energiedefizit auf.

Sie schlafen.

Das Unbewusste registriert die Suggestion aber auch im Schlaf und speichert sie im Gedächtnis ab.

Also ist es durchaus sinnvoll, die Sitzung weiterzuführen.

Doch die bewusste Präsenz des Klienten während der Sitzung ist nötig, um das, was in der Visualisierung erlebt wurde, später zu stabilisieren und wieder abrufen zu können.

Daher sollte man danach streben, während der Sitzung im Wachbewusstsein zu bleiben.

Auch wenn dazu manchmal mehrere Anläufe nötig sind.

Früher oder später gelingt es aber.

Denn der Schlaf nach der Entspannung vermindert das Energiedefizit, sodass es auf Dauer ausgeglichen wird.

Sobald es gelingt, die ganze Visualisierung bewusst mitzuerleben, kann diese ihre Wirksamkeit voll entfalten.

Die geführte Visualisierung sollte in einer suggestiven Umgebung erfolgen, die dem Klienten gleichzeitig höchstmögliche Sicherheit gibt.

Sie muss zu einem Ort werden, an dem man sicher ist vor den Frustrationen des Alltags.

Und im Gegenzug die Kraft mitnimmt, mit diesen fertigzuwerden.

Die Sitzung fängt mit einer *Entspannungsübung* an.

Dann wird der Klient in leichte *Trance* versetzt.

Der körperlichen Entspannung folgt also die geistige.

Hier ist die buddhistische Technik der Konzentration auf den Atem sehr nützlich.

Die Konzentration auf den Atem erlaubt uns, den Geist zu leeren und in einen Zustand der Trance einzutreten.

Das geht recht einfach: Sie machen acht tiefe Atemzüge, um den Atemrhythmus zu beruhigen.

Wenn nötig, wiederholen Sie das Ganze noch einmal.

Wir müssen unser Unbewusstes öffnen und gleichzeitig präsent bleiben.

Dazu stehen uns verschiedene Methoden zur Verfügung.

Der Weg nach unten führt über eine Wendeltreppe.

In der Vorstellung natürlich.

Man hat herausgefunden, dass das Hinuntersteigen auf einer echten Wendeltreppe nicht den gewünschten Effekt hat.

Wir können uns immer tiefer in den Ozean sinken lassen.

Wenn Sie nicht schwimmen können oder Angst vor dem Wasser haben, sollten Sie ein anderes Bild wählen.

Sie können sich in den weiten Raum hineintreiben lassen.

Oder einer Spirale zusehen, die sich endlos dreht.

Oder sich eine Taschenuhr vorstellen, die an der Kette schwingt wie an einem Pendel.[92]

---

92 Will man Hollywood Glauben schenken, so war dieser durchaus originelle Einsatz der Taschenuhr bei den amerikanischen Psychoanalytikern der Vierziger- und Fünfzigerjahre gang und gäbe (siehe zum Beispiel den Film »Freud«, USA 1962). In den Filmen wird damit immer ein hypnotischer Zustand eingeleitet. Das kann aber

Meiner Ansicht nach sind diese Methoden aber nicht effektiver als die schlichte Absicht, nun ins Unbewusste hinabzusteigen.

Denn das Unbewusste setzt sich von selbst in Bewegung, wenn es angesprochen wird.

Aber fragen Sie mich nicht, wie das funktioniert.

Dass ein Teil des Gehirns (das Unbewusste) in den Vordergrund tritt, wenn er von einem anderen (dem bewussten Geist) angesprochen wird.

Ich weiß es nicht.

Aber meiner Erfahrung nach funktioniert es.

Wie sagen doch die Amerikaner? Alles, was funktioniert, ist real.

Entscheidend ist, die feste Absicht zu formulieren, ins eigene Unbewusste hinabzusteigen.

Der Rest kommt dann von selbst.

Die Visualisierung sollte in einer sakralen und magischen Atmosphäre stattfinden.[93]

Die geführte Visualisierung sollte in einer weihevollen,
magischen Atmosphäre stattfinden.

---

nicht stimmen, denn die Psychoanalyse arbeitet gar nicht mit Hypnose: »Freud zufolge entstand die eigentliche Psychoanalyse, als er beschloss, auf die Hypnose zu verzichten« (vgl. http://ipnosi.interfree.it/freud.htm).

93 Dass eine magische, sakrale Atmosphäre in der Therapie nützlich ist, wurde von der NLP nach Bandler und Grinder festgestellt. Siehe *Metasprache und Psychotherapie – Die Struktur der Magie*, Paderborn 2010.

Die geführte Visualisierung tut nichts anderes, als einen in allen Kulturen präsenten Initiationsritus in eine wissenschaftliche Form zu übersetzen.[94]

Die geführte Visualisierung ist die wissenschaftliche Neufassung des in allen Kulturen üblichen Initiationsritus.

Mit ihm legt der Heranwachsende seine kindliche Persönlichkeit ab und nimmt vor den Augen der Gesellschaft eine Erwachsenen-Persönlichkeit an.

Heute ist diese so wichtige Zeremonie leider abgeschafft oder auf einen rein formalen Akt ohne jede faktische Bedeutung reduziert worden.

Wie etwa die Konfirmation.

Dies sind rein formale Akte.

Bei denen das Kind Kind bleibt.

Ein sich seiner selbst nicht bewusster Kretin.

Der Initiationsritus aber war seit jeher von Musik begleitet.

Daher ist Musik auch für die geführte Visualisierung nützlich.

---

94 Die Initiation ist ein Komplex sozialer und religiöser Riten, der typisch für prätechnologische Gesellschaften ist. Der Stamm, vertreten durch die dafür prädestinierten Ältesten, vollzieht den Übertritt des Heranwachsenden in die Gruppe. Er verleiht ihm alle Rechte des Erwachsenen, überträgt ihm aber auch alle Pflichten. Die Ursprünge der Initiationsriten reichen zurück bis in vorgeschichtliche Zeit, wo sie im Kontext religiöser Riten der ersten menschlichen Gemeinschaften auftauchen (vgl. http://it.wikipedia.org/wiki/iniziazione).

Die geführte Visualisierung sollte von Musik begleitet sein.

Die Entwicklungs-Psychotherapie ist keine Musiktherapie, doch sie nutzt die Musik wie die Stimme des Therapeuten zum Zweck der Suggestion.

Hiermit wollen wir eine gewisse *Sensibilisierung des Unbewussten* erreichen.

Um eine starke emotionale Ladung verkraften zu können.

Ebendas, was bei einer intensiven heiligen Zeremonie passiert.

Daher sollte die geführte Visualisierung im psychologischen Klima einer heiligen, weihevollen Atmosphäre stattfinden.

Die Musik sollte daher möglichst *exotisch und suggestiv* sein.

Wie gregorianische Gesänge zum Beispiel.

Denn erst das Geheimnis schafft eine weihevolle, magische Atmosphäre.

Von den gregorianischen Gesängen versteht man ohnehin kein Wort, weil sie ja lateinisch sind. Aus demselben Grund ging auch die lateinische Messe tiefer.

Aber auch buddhistische Gesänge oder hinduistische Bhajan[95] funktionieren.

Wichtig ist, dass man sich selbst tief ins Unbewusste sinken lässt.

Immer tiefer.

---

95 Vgl. http://de.wikipedia.org/wiki/Bhajan.

Ich bitte meine Patienten immer, sich das Unbewusste wie eine riesige Höhle in den Eingeweiden der Erde vorzustellen.

Im Unbewussten begegnen wir den drei natürlichen Persönlichkeiten.

Dem Kind, dem Erwachsenen, dem Elternteil.

Jede von ihnen hat ihr eigenes Umfeld, eine eigene Welt.

Denn jede von ihnen muss sich ja als eigene reale Persönlichkeit präsentieren.

Daher lege ich in der Höhle immer drei verschiedene Gänge an.

Der Gang rechts führt zur Eltern-Persönlichkeit.

Der mittlere zur Erwachsenen-Persönlichkeit.

Der Gang links bringt uns direkt zum Kind.

Die Eltern-Persönlichkeit lebt auf dem schneebedeckten Gipfel eines hohen Berges.

Ein weltabgeschiedener Ort, der gleichzeitig mit dem ganzen Universum in Verbindung steht. Wie ein buddhistisches Kloster.

Was bedeutet, dass der Elternteil von der Welt nicht mehr berührt wird, ihr aber gleichzeitig all seine Liebe anbietet.

Der Erwachsene lebt in der Wüste.

Die Wüste der Zukunft, in der alles möglich ist und alles erst beginnt.

Die Wüste ist jener Ort, an dem die Vergangenheit auf null gestellt wird und die Zukunft sich dem Wandel öffnet.

Das Kind aber lebt in einem wunderschönen Garten, wo andere Kinder im Arm der Mutter ruhen und heitere Melodien die Lüfte durchwehen.

Unser Kind allerdings ist allein und weint.

Das ist unsere dominante Persönlichkeit!

Das Kind ohne Mama.

Das so viel Angst hat.

Von diesem Kind müssen wir uns befreien, wenn wir erwachsen werden wollen.

Sehen wir uns also das Kind, das da in uns lebt, einmal genauer an.

Das innere Kind

Jetzt werden Sie sich vermutlich fragen: »Und was wird aus dem Kind in mir, wenn ich erwachsen geworden bin?«

Wenn ich erwachsen werde, was passiert dann mit dem Kind?

Muss ich es vor die Tür setzen?

Oder gar umbringen?

Muss ich es tilgen vom Angesicht der Erde?

Aber natürlich nicht.

Wie ich bereits gesagt habe, kann es ohnehin nicht aus dem Gedächtnis gelöscht werden.

Es kann nur von einem stärkeren und häufigeren Eindruck überlagert werden, der sich dem Bewusstsein intensiver einprägt.

Wir müssen also eine Datenbank für die Erwachsenen-Persönlichkeit aufbauen, die umfangreicher ist als die für die kindliche Persönlichkeit.

Wie wir gesehen haben.

Das ist alles eine Frage der *Quantität*.

Die Seitenzahl unseres Inputs, der Seiten also, die wir in die Datenbank eingeben, muss für die Erwachsenen-Persönlichkeit höher sein als für das Kind.

Nur so kann die Erwachsenen-Persönlichkeit an Stärke gewinnen und die kindliche überlagern.

Wie viel Input hat Ihre kindliche Persönlichkeit bekommen?

Wie oft haben Sie sich gesagt: »Ich bin ein Kind«, »Das kann ich nicht«, »Ich werde nie Erfolg haben« oder »Ich habe Angst«?

Zählen Sie einfach nur die Jahre, über die hinweg Ihre kindliche Persönlichkeit über Sie bestimmt hat.

In all diesen Jahren wurde sie zahllose Male *verstärkt*.

Und wie lange dauert es, sie wieder abzulegen?

Im natürlichen Entwicklungsrhythmus würde das Jahre dauern.

Aus diesem Grund ist die Entwicklungs-Psychotherapie *nötig*.

Sie beschleunigt diesen Prozess, indem sie in kurzer Zeit verstärkt Input schafft, der die Erwachsenen-Persönlichkeit aufbauen hilft.

Sie verdichtet jenen Input, der außerhalb der therapeutischen Situation durch weit auseinanderliegende Reize erfolgt und sich daher nur über Jahre hinweg ins Gedächtnis eingraben kann, auf ein Intervall von wenigen Monaten.[96]

---

96 Diese Art von Input ist nämlich umso besser speicher- und damit abrufbar, wenn die Zeit zwischen den entsprechenden Reizen möglichst kurz ist. Man könnte also folgende Gleichung aufstellen: $S = E \times F \times D$. Die Speicherung (S) ist direkt proportional dem Produkt der *emotionalen* Kraft der Repräsentation (E), ihrer Frequenz (F) und ihrer Dauer (D).

Doch für viele Patienten sind auch einige Monate Therapie schon zu viel.

Wie die Kinder wollen sie alles sofort haben.

Aber das Kräutlein »Ich will« wächst nicht einmal im Garten des Königs.

Sie müssen vielmehr sofort ein Erwachsenen-Verhalten an den Tag legen und Ihr Ziel mit Entschlossenheit, Geduld und Ausdauer verfolgen.

Man muss sofort ein Erwachsenen-Verhalten annehmen und sein Ziel mit Entschlossenheit, Geduld und Ausdauer verfolgen.

Die Wandlung vom Kind zum Erwachsenen braucht Zeit.

In der Natur dauert sie Jahre.

Sie auf wenige Monate verkürzen zu können ist schon ein gewaltiger Vorteil.

Es handelt sich schließlich um einen komplexen Prozess.

Es geht darum, die eigene kindliche Persönlichkeit abzulegen und eine Erwachsenen-Persönlichkeit anzunehmen.

Und doch kann, ja, darf die kindliche Persönlichkeit nicht einfach ausgelöscht werden.

Denn sie ist fürs Überleben genauso wichtig wie die des Erwachsenen.

Doch sie hat eben nur in bestimmten Situationen das Kommando.

Sie hat dort nichts zu suchen, wo Erwachsenen-Verhalten gefordert ist.

Oder elterliches Verhalten.

Denn das ist die eigentliche Neurose: sich nicht der Situation angemessen zu verhalten.

Die Neurose besteht darin,
sich nicht situationsgemäß zu verhalten.

Ein klassischer Fall von *Unfähigkeit zur Anpassung an die Umwelt*.

Doch es gibt Situationen, in denen es durchaus angemessen ist, sich wie ein Kind zu verhalten.

Zum Beispiel, wenn die Situation *Bescheidenheit* verlangt.

Wenn es angemessen ist, sich zu entschuldigen.

Hilfe zu erbitten.

Sich hintanzustellen.

Das kann uns mitunter das Leben retten.[97]

Und viel einbringen.[98]

---

97 Wenn das nur all die Menschen verstünden, die meinen, bei Raubüberfällen den Helden spielen zu müssen, und deshalb getötet werden!

98 Heinrich IV. (1050–1106) war der letzte König des römisch-deutschen Mittelalters und wurde 1076 von Papst Gregor VII. exkommuniziert. Daraufhin tat er drei Tage lang Buße vor der Burg der Markgräfin Mathilde von Tuszien, Markgräfin von Canossa, wo der Papst logierte. Nur um Gregors Vergebung zu erlangen und die Lossprechung vom Kirchenbann. Und so geschah es. 1084 dann nahm Heinrich nach kurzer Belagerung Rom ein und wurde vom Gegenpapst Clemens III. zum Kaiser gekrönt. (Gregor VII. verschanzte sich derweil in der Engelsburg.) Ein klassisches Beispiel dafür, wie Demut, taktisch eingesetzt, zur wirksamen Waffe werden kann.

Außerdem ist es gefährlich, dem Kind an den Kragen zu wollen.

Das Kind ist nämlich ganz schön boshaft.

Dazu ist es auch noch rachsüchtig.

Es verteidigt seine Macht mit Zähnen und Klauen.

Wenn Sie versuchen, es mit Gewalt zu exorzieren, quält es Sie bis in den Traum hinein mit seinen schrecklichen Gespenstern.

Es kämpft ja ums Überleben.

Genauer gesagt: um die *Herrschaft*.

Über Jahre hinweg hat es die Oberherrschaft über Sie und Ihr Leben ausgeübt.

Und nicht die geringste Lust, sie gerade jetzt aus den Händen zu geben.

Sie können es also nicht vernichten.

Sie müssen es überzeugen, von selbst den Rückzug anzutreten.

Platz zu machen.

Und zwar nicht im Bösen.

Zumindest anfangs.

Lieber im Guten.

Sonst wird es sauer.

Es muss selbst den Wunsch entwickeln, sich zurückzuziehen.

Sie müssen also sein Interesse an solch einem »Rücktritt« wecken.

Wie immer halt.

Die Schwächen des anderen kennen und sie zum eigenen Vorteil nutzen.

Wie ja auch Machiavelli meinte.[99]

Die Chinesen nicht zu vergessen.[100]

Was aber sind die Schwächen des Kindes?

Die größte ist seine Angst vor dem Alleinsein.

Die Angst, allein einer feindlichen Umwelt entgegentreten zu müssen.

Die Angst, keinerlei Schutz zu haben.

Wer aber beschützt das Kind?

Wer hätschelt es?

Wer ernährt es?

Das kann nur ein Elternteil.

Und meist ist das die *Mutter*.[101]

---

99 Siehe *Der Fürst*, Hamburg 2010.

100 Siehe *Die Kunst des Krieges*, ein Strategie-Handbuch, das man General Sunzi (5. Jahrhundert v. Chr.) zuschreibt. Was immer man heute unternimmt, die Chinesen haben es unweigerlich bereits zuvor getan. Ich bin sicher, wenn wir eines Tages auf dem Mars landen, wird den Astronauten ein Chinese entgegentreten und ihnen eine Karte des Planeten verkaufen. Natürlich kopiert – von den ursprünglichen Marsbewohnern.

101 Nach Meinung der Frau von heute ist dies der große Fluch der Frauen. Sie sind überzeugt davon, dass der Herr nach der leidigen Sache mit dem Apfel sie nicht nur dazu verdammt hat, unter Schmerzen zu gebären. Sondern auch dazu, die Nachkommen zu säugen und aufzuziehen. (Vorher mussten sie das vermutlich nicht. Sie hatten ganz einfach keine Kinder. Denn im Paradies ist von Kindern nirgendwo die Rede.) Das Schlimmste ist, dass diese Verdammnis sich auf alle Säugetiere erstreckt. Oder haben Sie je einen Kater gesehen, der seinen Nachwuchs säugt? Oder der auch nur dabei ist, wenn die armen Kleinen gesäugt und großgezogen werden? Nein, der verschwindet wie ein Dieb in der Nacht, nachdem er die »Kätzin« ins Bett gelockt hat. Wie Männer eben so sind. Umso unver-

Wir werden uns also die Persönlichkeit der Mutter in unserer geführten Visualisierung ansehen.

---

ständlicher, dass so viele Frauen sich einen Kater zulegen ... Vielleicht, um sich zu rächen?

Die Große Mutter

Es ist gar nicht nötig, dass wir ein detailgenaues Modell der Mutter haben.

Sie wird ohnehin kaum je unserer realen Mutter entsprechen.[102]

Es genügt vollauf, wenn Sie ein *Idealbild* der Mutter haben.

In dieses Idealbild fließen all die Güte, das Erbarmen, die Nachsicht und die Liebe aller Mütter dieser Welt ein.

Die Mutter ist ein Symbol.

Ein Archetyp.[103]

---

102 Gibt es überhaupt einen Menschen auf dieser Welt, der eine liebevolle, hingebungsvolle, zärtliche und schützende Mutter hatte? Ich höre immer nur von emotional gestörten, ablehnenden oder gleichgültigen Müttern. Dieses pessimistische Weltbild kann natürlich auch darauf zurückzuführen sein, dass ich Psychotherapeut bin. Wäre ich Klempner, würde ich vermutlich öfter von Frauen hören, die ihren Ehemann betrügen und unter dem Vorwand, der Wasserhahn im Bad sei kaputt, denselben rufen. Doch nachdem sich dieses Buch vorzugsweise an Menschen mit einem gewissen Leidensdruck richtet, haut die Rechnung wieder hin.

103 Siehe C. G. Jung: *Die Archetypen und das kollektive Unbewusste*, Ostfildern 2011.

Die Mutter in unserer Visualisierung ist also eine symbolische, archetypische Mutter.

Das Bild muss sich aus dem kollektiven Unbewussten speisen, zu dem jeder von uns Zugang hat.

Dies ist just der Teil der Entwicklungs-Psychologie, der auf der *analytischen Psychologie* von C. G. Jung aufbaut.

Die Mutter in unserer Visualisierung ist also eine *Große Mutter*.

Die Große Mutter vereint in sich alle Güte, alles Erbarmen, alle Nachsicht und alle Liebe der Mütter der Menschheitsgeschichte.

Doch die Mutter in der geführten Visualisierung ist auch *dieselbe Eltern-Persönlichkeit, die wir in uns tragen.*

Die Große Mutter ist ebenjene Eltern-Persönlichkeit,
die wir in uns tragen.

Denn unser Gedächtnisspeicher enthält neben dem Verhaltenskonzept für die Erwachsenen-Persönlichkeit auch eines für die Eltern-Persönlichkeit.

Wir tragen also unsere Eltern-Persönlichkeit in uns.

Sie müssen wir einsetzen, um das Kind in uns zu beschützen.

Und es davon zu überzeugen, dass es die Kontrolle über unser Leben abgeben muss.

Zuerst betreten wir in uns den Gang zur Rechten, der zu unserer Eltern-Persönlichkeit führt.

Von dort aus gelangen wir zu dem verschneiten Gipfel, auf dem wir der *Großen Mutter* begegnen.

Die *Große Mutter* in Person führt uns in den Garten, wo unser inneres Kind lebt.

Die *Große Mutter* in Person schließt das weinende Kind in die Arme und drückt es an ihre Brust.

Und spricht leise mit ihm.

»Mein Kleines, von jetzt an brauchst du keine Angst mehr zu haben. Ich werde dich nie wieder verlassen. Ich werde dich immer in meinen Armen halten und mich um dich kümmern. Meine Liebe zu dir ist für immer und ewig.«

Das nämlich ist es, was das Kind in uns hören will.

Denn das hat ihm bis jetzt noch niemand gesagt.

Der Blitz soll es auf der Stelle treffen, wenn je ein Mensch diese Worte zu ihm gesagt hat.

Und genau das wünscht sich das Kind.

Auf ewig in den Armen der *Großen Mutter* zu bleiben.

Und immer wenn es enttäuscht wird, von ihr getröstet zu werden.

Auf ewig geschützt vor den Gefahren der Welt und des Lebens.

Endlich die Liebe zu erfahren, nach der es sein Leben lang gesucht hat, ohne sie je zu erhalten.

Schluss mit der Einsamkeit, die es so gequält hat.

Das wird das Kind ein für alle Mal von seinem Schmerz und seiner Angst heilen.

Und es überzeugen, dass es Zeit ist, sich zu trollen.

Dieser Trost, den es in den Armen der *Großen Mutter* findet.

Das Kind und die *Große Mutter* müssen für immer in ihrer Umarmung vereint bleiben.

Das Kind und die Große Mutter müssen für immer in ihrer Umarmung vereint bleiben.

Dies ist ein ganz wichtiger Punkt, denn jemand, der an einer kindlichen Neurose leidet, kann seine kindliche Persönlichkeit ja gerade deswegen nicht ablegen, weil er sich vom Elternteil nicht ausreichend geliebt oder geschützt fühlt.

Dass dieser Elternteil nur in der Fantasie existiert, ist dabei nicht von Belang.

Denn das Unbewusste unterscheidet nicht zwischen Fantasie und Wirklichkeit.

Das Unbewusste unterscheidet nicht zwischen Fantasie und Wirklichkeit.

Das Unbewusste ist ja unser Gedächtnis, in dem alles gespeichert wird, was durch den bewussten Teil unser selbst erfahren wird.

Für das Unbewusste funktioniert ein imaginärer Elternteil also genauso wie ein realer.[104]

---

104 Ich habe beispielsweise eine Dame geheilt, die Affektstörungen hatte, weil ihre Mutter sie nie auch nur einmal umarmt oder ihr gezeigt hatte, dass sie sie schätzte. Ich habe sie geheilt, indem ich eine Gedächtnisverpflanzung vornahm. Ich habe sie gebeten, sich eine liebevolle, zärtliche Mutter vorzustellen und eine durch und durch

*Ein imaginärer Elternteil ist ebenso wirksam
wie einer aus Fleisch und Blut.*

Denn alles, was das Kind will, ist ja nur, dass ein Elternteil rund um die Uhr für es da ist.

*Das Kind will nichts anderes als Eltern,
die rund um die Uhr zu seiner Verfügung stehen.*

Wer diese Rolle übernimmt, ist dem Kind in uns völlig egal.

Sofern die Person nur vierundzwanzig Stunden am Tag zur Verfügung steht.[105]

Das gilt für Jungs und Mädels gleichermaßen.

Eigentlich für Mädchen mehr als für Jungs.[106]

---

glückliche Kindheit. Nach einer ganzen Reihe von Sitzungen ist sie nun vollständig geheilt. Sie hat mir sogar gestanden, sie wisse mittlerweile gar nicht mehr so recht, wer ihre echte Mutter sei, die gute oder die böse. Also sagte ich ihr: »Die gute natürlich.« Davon ist sie heute noch überzeugt. Zum Glück war die echte, die böse Mutter da schon tot.

105 Es gab da mal ein berühmt gewordenes Experiment mit Affen. Die Affenmutter wurde von einer Affenpuppe ersetzt, die immer für die Äffchen da war. Das hat den Tierchen vollkommen gereicht (siehe Harry F. Harlow: »The Nature of Love«, *American Psychologist*, 13/1958, S. 673–685, oder unter http://psychclassics.yorku.ca/Harlow/love.htm).

106 Der Satz hat eigentlich keinen Sinn. Aber ich lasse ihn trotzdem stehen. Ich vertraue darauf, dass Frauen sich darob geschmeichelt fühlen. Auch wenn sie im Grunde gegenteilig reagieren müssten. Aber entscheidend ist ja, dass man im Zentrum der Aufmerksamkeit steht. Das ist ja so was von infantil!

Genau diesen Zweck erreichen wir mit der geführten Visualisierung.

In der geführten Visualisierung bringen wir Kind und Mutter in einer nicht enden wollenden Umarmung zueinander. Dies ist für das Unbewusste ein *starker suggestiver Eindruck.*

Wir überzeugen also das Kind in uns davon, dass es nun Eltern hat, die rund um die Uhr für es da sind.

Besser noch.

Es hat jetzt eine Mutter.

Sogar die beste aller Mütter.

Die *Große Mutter.*[107]

Die rund um die Uhr zur Verfügung steht.

Auf diese Weise lässt sich die Angst, die die kindliche Persönlichkeit stets begleitet, lindern, ja, ganz auflösen.

Daher muss die Vereinigung des Kindes mit der Mutter der Begegnung mit der Erwachsenen-Persönlichkeit *vorausgehen.*

Denn bevor die Begegnung mit dem Erwachsenen in uns stattfindet, müssen die Bedürfnisse des Kindes beziehungsweise des Elternteils befriedigt werden.

Mutter und Kind begegnen sich – immer in der Vorstellung – an einem heiteren und ruhigen Ort, in vollkommener Harmonie und Sicherheit.

---

107 Wie die Muttergottes also. Der Marienkult ist ohnehin die Essenz des Christentums. Jesus hat diese Religion aus der Anbetung eines rächenden Gottes erhoben zur Verehrung des Erbarmens. Und dies wiederum ist eine Manifestation mütterlicher Liebe.

An einem Ort, an dem sie auch bleiben wollen. Damit ist sichergestellt, dass sie künftig nicht mehr dazwischenfunken.

Das Kind und die Mutter müssen zufriedengestellt sein,
damit sie Platz machen können.

Dafür ist der Garten aus der Visualisierung wunderbar geeignet.

Dass dort andere Kinder und Mütter leben, lässt sie sich eins mit der ganzen Welt fühlen.

Beide Persönlichkeiten können jederzeit wieder reaktiviert werden.

Sie werden nicht abgelehnt, nicht ausradiert, sondern sie haben für den Moment einfach nur Pause.

Aber sie stehen weiter zur Verfügung.

Mutter und Kind stehen weiterhin zur Verfügung
und können jederzeit wieder aktiv werden.

Jetzt aber wenden wir uns der *Erwachsenen-Persönlichkeit* zu.

Der *Dame des Lichts* und dem *Krieger des Lichts*.

Den zentralen Gestalten der geführten Visualisierung.

Deren Bekanntschaft wir im nächsten Kapitel machen.

Die Dame des Lichts
und der Krieger des Lichts

Die Erwachsenen-Persönlichkeit ist die zentrale Gestalt unseres Trainings.

Denn mit ihr wollen wir uns letztendlich identifizieren.

Daher muss sie auch die letzte Gestalt sein, der wir in der geführten Visualisierung begegnen.

Sie müssen sich also aufmachen in die Wüste und die Gestalt dort suchen.

Bis sie Ihnen entgegentritt.

Das Unbewusste selbst erschafft sie.

Sie kann ein ganz klassisches Modell sein.

Das in Idee und Gestalt schon irgendwo existiert.

Oder ein offenes Modell, wie ich es in meinem Training benutze.

Die *Dame des Lichts* beziehungsweise der *Krieger des Lichts*.

Das Problem ist nur, wie sich dieser Wandel vollziehen soll.

Der Wandel vom Kind zum Erwachsenen.

Vom Mädchen in die *Dame des Lichts*.

Vom Jungen in den *Krieger des Lichts*.

Es geht darum, die eigene Identität zu verschieben: von der kindlichen Persönlichkeit auf die eines Erwachsenen.

Daher muss in der Visualisierung die Lichtgestalt in Ihren Körper eintreten.

Und Sie müssen in den Körper der *Dame des Lichts* eintreten oder in den vom *Krieger des Lichts*.

Sodass es zu einer *gegenseitigen Durchdringung* kommt.

Sie und die Dame des Lichts beziehungsweise Sie und der Krieger des Lichts müssen sich gegenseitig durchdringen.

Denn der Körper steht für das Ich.[108]

Wenn die Lichtgestalt also in Ihren Körper eingeht und Sie in die Lichtgestalt, so nehmen Sie deren Persönlichkeit vollkommen in sich auf.

Die Erwachsenen-Persönlichkeit.

Und Sie wandeln sich.

Die *Dame des Lichts* oder der *Krieger des Lichts* strecken die Arme nach Ihnen aus, fassen Sie an den Händen und ziehen Sie förmlich in ihren Körper.

---

108 Nebenbei bemerkt (für alle, die es nicht in der Hauptsache hören wollen): Der Körper ist das Ich. Wir sind unser Körper. Hauen Sie sich mal mit dem Hammer auf den Kopf, dann werden Sie mir sofort recht geben. Aber es gibt Leute, die das einfach nicht wahrhaben wollen. Außer sie brauchen den Notarzt, weil es ihnen dreckig geht.

Sie breiten die Arme aus, fassen die Lichtgestalt an den Händen und ziehen sie in Ihren Körper.[109]

Strecken Sie die Arme aus.
Nehmen Sie die Dame des Lichts an den Händen.
Oder nehmen Sie den Krieger des Lichts an den Händen.
Ziehen Sie die Lichtgestalt zu sich heran.
Sodass es zur gegenseitigen Durchdringung kommt.

Nach einer gewissen Anzahl von Wiederholungen dieser geführten Visualisierung, deren Häufigkeit vom Widerstand Ihrer kindlichen Persönlichkeit abhängt, wird Ihr

---

109 Dies ist eine NLP-Technik. Bandler und Grinder haben sie *visual squash* genannt: »In allen Fällen multipler Persönlichkeitsbildung lässt sich eine Technik anwenden, die wir *visual squash* nennen. Der *visual squash* ist eine Technik zur Integration verschiedener Persönlichkeitsanteile durch einen sichtbaren Anker. Man streckt die Arme vor sich aus und sieht sich als einen Teil links, den anderen rechts. Die beiden Anteile hören einander zu und sehen sich an. Dann bringt man die beiden Bilder langsam zusammen. Sie sehen sich an, während sie ineinander übergehen. Dann macht man sich den Unterschied zwischen der aktuellen und der vorherigen Situation bewusst. Ist das Resultat das erwünschte, wiederholt man die Übung, dieses Mal mit kinästhetischer Beteiligung. Man schiebt die Bilder mit den Händen zusammen und zieht das integrierte Bild auf sich zu, um es in den eigenen Körper eingehen zu lassen« (R. Bandler und J. Grinder: *La Metamorfosi Terapeutica*, Rom 1980, S. 156 f.). Ich persönlich begreife ja nicht, was die Arme dabei zu tun haben, aber tatsächlich funktioniert es nicht, wenn man die Arme nicht einsetzt. Und ich habe nicht die *geringste* Ahnung, wieso. Ich habe alle Möglichkeiten ausprobiert. Wenn man nicht die Arme ausstreckt und die beiden Bilder zusammenbringt, klappt es nicht.

Unbewusstes die Erwachsenen-Persönlichkeit als *zentrale Identität* akzeptieren.

Während der geführten Visualisierung muss noch geklärt werden, welche Kräfte Sie entwickeln werden, wenn Sie Ihre Erwachsenen-Persönlichkeit verwirklichen.

Wie wir wissen, sind die positiven Aspekte des Erwachsenen Selbstwertgefühl, Kontrolle über das eigene Umfeld, Freiheit, Selbstständigkeit, soziales Verhalten und aktives Streben nach Lust sowie die Fähigkeit, diese zu genießen.[110]

All diese Fähigkeiten lassen sich in drei »Kräften« zusammenfassen:

Der Erwachsene verfügt über drei »Kräfte« –
Selbstachtung, Unabhängigkeit und Freude am Leben.

Der Erfolg, die *Kontrolle über das eigene Umfeld*, ist eine Konsequenz dieser drei Kräfte.

Wenn Sie Ihre Erwachsenen-Persönlichkeit entwickeln, werden Sie diese drei Kräfte erlangen.

Daher müssen sie in der Visualisierung feierlich anziert werden.

Beispielsweise mit folgenden Worten.

---

110 Häufig nämlich geht bei der kindlichen Neurose die Fähigkeit verloren, die alltäglichen Freuden zu genießen. Das rührt teils daher, dass das Kind in uns in *ständiger Angst* lebt (weil es sein Umfeld nicht unter Kontrolle hat). Teils aber ist auch die depressive Komponente der kindlichen Neurose dafür verantwortlich.

Ich besitze die drei Kräfte des Erwachsenen:
absolutes Vertrauen in mich selbst,
Unabhängigkeit von anderen
und Freude am Leben.

In meinem Training lautet das so:

Ich besitze die drei Kräfte der Dame des Lichts:
absolutes Vertrauen in mich selbst,
Unabhängigkeit von anderen
und Freude am Leben.

Oder:

Ich besitze die drei Kräfte eines Kriegers des Lichts:
absolutes Vertrauen in mich selbst,
Unabhängigkeit von anderen
und Freude am Leben.

Dies ist das *Mantra der Wandlung*.

Die Wandlung vom Kind zum Erwachsenen.

Vom Jungen zum *Krieger des Lichts*.

Vom Mädchen zur *Dame des Lichts*.

Das Mantra, mit dem das Kind sich in einen Erwachsenen verwandelt und dessen Kräfte erlangt.

Daher wird es während der Visualisierung immer wieder feierlich bestätigt.

Doch nun gibt es ein kleines Problem mit der Visualisierung.

Visualisierung und Konzeptualisierung

Nicht wenige Menschen klagen, dass sie einfach nicht *visualisieren* können.

Also *Bilder* im eigenen Geist erschaffen.

Natürlich stimmt das nicht.

Jeder kann visualisieren.

Wie jeder Mensch träumen kann.

Denn der Traum ist nichts anderes als eine *Visualisierung*.

Sogar Hunde können das.

Mein Hund Rocco läuft im Traum über Stock und Stein. Er jagt und besteigt eine rassige Hündin nach der anderen, was der Arme im realen Leben leider nicht mehr kann.

Aber Menschen sind in dieser Hinsicht stur: Sie sind fest davon überzeugt, nicht visualisieren zu können.

Die Wahrheit ist, dass Sie eine Visualisierung nicht einfach so aus dem Handgelenk schütteln können.

Aus dem Fußgelenk übrigens auch nicht. Obwohl Sie eigentlich ja liegen.

Das Training wird nämlich im Liegen gemacht.

Es braucht einfach seine Zeit, bis man visualisieren kann.

Sie müssen sich Bilder schaffen, die zu Ihnen passen.

Ein Bild vom *Kind*.

Von der *Großen Mutter*.

Von der *Dame* oder vom *Krieger des Lichts*.

Nehmen Sie sich also alle Zeit, die Sie brauchen.

Wichtig ist, dass Sie sich ein Konzept schaffen.

Das Wichtigste ist das Konzept.

Sie müssen gar nicht visualisieren:

Das Training funktioniert auch, wenn Sie konzeptualisieren, statt zu visualisieren.

Denn die Visualisierung ist eigentlich eine Konzeptualisierung.

Jemand hat mich mal gefragt: »Aber was soll denn das heißen: ›Konzeptualisierung‹?«

Ein klarer Beweis dafür, dass man heute in der Schule überhaupt nichts mehr lernt.

Nicht mal mehr die einfachsten Begriffe.

Was also heißt »konzeptualisieren«?

Na, was schon?

Das heißt einfach *denken*!

Können Sie denken?

Können Sie an einen Hund denken?

Oder an Ihren Vater?[111]

Na also, geht doch.

Das versteht man unter »Konzeptualisierung«.

Können Sie an die *Große Mutter* denken?

Sie müssen sie nicht vor sich sehen.

Wissen Sie, was »Mutter« heißt?

Die, die Sie mit ihren Brüsten ernährt.

Die Ihnen den Brei kocht.

Die Ihnen das Fläschchen wärmt.

Die Ihnen die Windeln wechselt.

Die Sie in den Armen wiegt, wenn Sie unruhig sind.

Die Ihnen ein Schlaflied singt, wenn Sie nicht einschlafen können.

Genau, die!

Und unter »groß« können Sie sich vielleicht auch etwas vorstellen?

Im übertragenen Sinn natürlich, nicht im konkreten.

Also nicht groß wie ein Fußballstadion oder eine Boeing 747.

Sondern groß wie Gandhi oder Jesus.

Im moralischen Sinne.

Ich möchte also nicht, dass Sie sich eine zwanzig Meter hohe Mutterfigur vorstellen mit Brüsten von gut zweihundert Kilo und einem Allerwertesten von zwei Meter Durchmesser.

Ich bitte Sie, sich eine Mutter vorzustellen, die in Hinblick auf ihre moralischen Eigenschaften groß ist.

---

111 Das ist jetzt eine rein zufällige Begriffspaarung.

Wie zum Beispiel Güte, Mitleid, Nachsicht, Liebe.

Sind Sie fähig, an einen »Krieger des Lichts« zu denken?

Ich verlange ja gar nicht, dass Sie ihn leibhaftig vor sich sehen.

Es reicht, wenn Sie an ihn denken können.

Sie wissen doch, was der Begriff »Krieger« bedeutet?

Das ist so einer, der sich mit einer Handgranate in der Faust und einem Messer zwischen den Zähnen auf ein Maschinengewehrnest stürzt.

Ja, genau der.

Und »des Lichts«?

Wissen Sie vielleicht zufällig, was Licht ist?

Das Gegenteil vom »Dunkeln«.

»... des Lichts« heißt also *leuchtend*.

Etwas, was Licht ausstrahlt.

Etwas, was voller Licht ist.

Was aus Licht ist.

Das ist schon alles.

Eine Umfrage von General Electric unter Kindern eines Stammes aus Papua-Neuguinea hat ergeben, dass diese sich durchaus vorstellen können, was »des Lichts« heißt.

Dann werden Sie das wohl auch noch hinkriegen.

Jetzt müssen Sie nur noch »Krieger« und »des Lichts« zusammenfügen.

Ein »Krieger des Lichts«.

Ein *leuchtender Krieger* also.

War das jetzt so schwierig?

Und ein weinendes Kind?

Können Sie sich vorstellen, dass ein Kind weint?

Wissen Sie, was ein Kind ist?

Das ist das, wo man die Windeln austauschen muss.

Das acht Mahlzeiten pro Tag vertilgt, die fertig sein müssen, wenn es Hunger hat. Nicht zu warm und nicht zu kalt.

Gut.

Wissen Sie jetzt noch, was »weinen« bedeutet?

Gut.

Also fügen Sie jetzt beides in Ihrem Kopf zusammen, und Sie haben »ein weinendes Kind«.

Sie müssen gar nichts vor sich sehen.

Es reicht, wenn Sie es denken können.

Dieser kleine Konzeptualisierungsleitfaden richtet sich speziell an Männer, weil Einwände gegen die Visualisierung immer nur von Männern kommen. In meinem Training jedenfalls.

Die Mädels sind da wieder mal viel aufgeweckter.

Sie wissen genau, worum es beim Konzeptualisieren geht.

Das machen sie ja ständig.

Sie können auch visualisieren.

Weil sie das nämlich ständig tun.

Die Verstärker

Doch die geführte Visualisierung allein reicht noch nicht aus.

Sie muss im Laufe des Tages immer wieder verstärkt werden.

Durch sogenannte *Verstärker*.

Die Verstärker sind integraler Bestandteil des Trainings.

Die Verstärker sind wichtig, um die Dauer der Therapie zu verkürzen.

Wie lange dauert es, ein Selbstbild zu schaffen?

Normalerweise dauert der Wachstumsprozess, bei dem das Kind sich zum Erwachsenen wandelt, zwei oder drei Jahre, wenn er nicht durch ein Trauma beschleunigt wird.

Doch so viel Zeit haben wir nicht.

Nur Freud und die Psychoanalytiker des vorigen Jahrhunderts konnten sich so viel Zeit lassen.

Genauer gesagt, konnten ihre Patienten sich die Zeit nehmen, da sie zur begüterten Bourgeoisie gehörten und reichlich Zeit und Geld besaßen.

Heute ist eine Psychotherapie, die mehr als sechs Monate dauert, nicht tragbar.

Unter uns gesagt ist sie auch unmoralisch, weil ineffizient.

Eine effiziente Therapie für eine bestimmte Neurose darf im Durchschnitt höchstens ein bis drei Monate beanspruchen. Maximal sechs Monate in besonders schwierigen Fällen.[112]

Dass aktuelle Psychotherapien sehr viel länger dauern, hat nichts mit der Unfähigkeit oder Unehrlichkeit der Therapeuten zu tun, sondern liegt hauptsächlich daran, dass die angewandte Methode sich nicht zur Heilung der fraglichen Neurose eignet.

Um die Dauer der Therapie zu verkürzen, brauchen wir also *Verstärker*.

Aber was sind denn nun eigentlich diese vielbeschworenen Verstärker?

Es handelt sich dabei um Erinnerungen an die geführte Visualisierung außerhalb der Sitzung.

Es ist also nötig, sich im Laufe des Tages mehrfach die visuellen und konzeptuellen Inhalte der geführten Visualisierung ins Gedächtnis zu rufen.

Damit die Datenbankspeicher der Erwachsenen-Persönlichkeit schneller gefüllt werden.

---

112 Natürlich gibt es auch nicht behandelbare Fälle. Menschen, die ihre kindliche Persönlichkeit mehr als fünfzig Jahre lang verstärkt haben, sind praktisch unheilbar, da ihre kindliche Persönlichkeit eine enorme Kraft entwickelt hat. Es ist nicht ausgeschlossen, dass sie sich zur *Psychose* ausbildet. Die Psychose ist gekennzeichnet vom definitiven Verlust des Ichbewusstseins und der Selbststeuerung.

Und die Erwachsenen-Persönlichkeit sich schneller ausbildet.

Es gibt zwei Möglichkeiten der Verstärkung.

Die Erinnerung an Bilder und Konzepte.

Und die *Mantras*.[113]

> *Als Verstärker dienen Erinnerungen an*
> *Bilder und Konzepte sowie Mantras.*

Die Bilder und Konzepte, die wir uns im Laufe des Tages ins Gedächtnis rufen, sind jene, die wir während der geführten Visualisierung benutzt haben.

Vor allem das *Bild des Erwachsenen*, sei es männlich oder weiblich, je nach Geschlecht des Betroffenen.[114]

In meinem Training also das Bild oder Konzept der *Dame des Lichts* beziehungsweise eines *Kriegers des Lichts*.

Dieses Bild, dieses Konzept, müssen Sie sich häufig ins Bewusstsein rufen.

---

113 Mantras sind Worte oder Sätze, die laut oder leise ständig wiederholt werden. Die Mantratechnik ist uralt. Sie findet sich in allen religiösen Kulten, auch in schamanischen. Und natürlich im Christentum: Das wiederholte Gebet, der Rosenkranz zum Beispiel oder die Litanei, ist ein Mantra. Ein Mantra ist so effektiv, weil es sich tief ins Gedächtnis eingräbt. Weil es höchst suggestiv ist. Und unzählige Male wiederholt wird.

114 Bei Transsexuellen geht das so: Handelt es sich um eine Frau (die qua Geburt ein Mann ist, sich aber als Frau fühlt), sollte das Erwachsenen-Selbstbild das einer absoluten Mega-Maus sein. Ist der Betroffene ein Mann (qua Geburt Frau, seelisch aber ein Mann), wird das Selbstbild das eines unwiderstehlichen Don Juan sein. Freiheit für die sexuelle Fantasie!

Das zugehörige Mantra wird im Laufe des Tages immer wieder rezitiert.

Im Geiste.

Sonst liefert man Sie in die Klapsmühle ein.

Die Mantras werden im Geiste rezitiert.

Es gibt zwei Arten von Mantras.

Das *kurze Mantra*:

Ich bin ein Erwachsener.
Ich bin eine Erwachsene.

Oder in meinem Training:

Ich bin ein Krieger des Lichts.
Ich bin eine Dame des Lichts.

Jeweils das eine oder das andere, je nach Geschlecht.

Bitte nicht beides mischen, sonst gibt's Chaos.

Und dann bräuchten Sie wieder eine andere Therapie, um das Ganze auseinanderzuklamüsern.

Ich persönlich wüsste auch gar nicht, was in einem solchen Fall helfen würde.

Dieses kurze Mantra ist wie ein Prêt-à-porter-Kleid.

Es wird im Laufe des Tages ständig wiederholt, also übergezogen.

Wie ein Ohrwurm muss es sich in Ihr Gehirn bohren.

Selbst wenn das zwanghaft wirkt.

Das Mantra muss zum zwanghaften Ohrwurm werden.

Selbst wenn es während der Wiederholung seinen Sinn zu verlieren scheint.

Selbst wenn andere Gedanken sich allmählich darüberschieben.

Das ist ganz egal. Es hilft trotzdem.

Denn das Unbewusste registriert es.[115]

Und schreibt in unsere Datenbank für die Erwachsenen-Persönlichkeit einen neuen Eintrag.

Aber es gibt natürlich auch ein längeres Mantra, das genauer formuliert ist.

Und auch im Laufe des Tages mehrfach rezitiert werden sollte.

Das *Mantra der Wandlung*.

Es lohnt die Mühe, es zu wiederholen, weil es so zentral für das Training zur Entwicklung einer Erwachsenen-Persönlichkeit ist.

Ich wiederhole das *Mantra der Wandlung* hier in der Formulierung, wie sie in meinem Training gebraucht wird:

Ich besitze die drei Kräfte einer Dame des Lichts:
absolutes Vertrauen in mich selbst,
Unabhängigkeit von anderen
und Freude am Leben.

---

115 Das Unbewusste registriert alles, was wir tun, vom erhabensten Gedanken bis zum kleinsten Pupser. Dummerweise verwechselt es die beiden häufig.

Oder:

Ich besitze die drei Kräfte eines Kriegers des Lichts:
absolutes Vertrauen in mich selbst, Unabhängigkeit
von anderen und Freude am Leben.

Die Rezitation des Mantras ist hier ehernes Gebot:

Die Rezitation des Mantras der Wandlung ist
fixer Bestandteil des Trainings zur Entwicklung
einer Erwachsenen-Persönlichkeit.

Auch dieses Mantra wird nur *im Geist* rezitiert.

Die Verstärker regelmäßig einzusetzen bedeutet freilich eine gewisse Anstrengung, andererseits ist ihre Anwendung leicht.

Es werden keine besonderen Fähigkeiten vorausgesetzt.

Es reicht, dass Sie es tun.

Die Rezitation des Mantras muss allerdings im Einklang mit dem Atem erfolgen.

Die Rezitation des Mantras erfolgt im Einklang mit dem Atem.

Auf diese Weise wird der gesamte Komplex von Geist und Körper in den Assimilationsprozess einbezogen.

Zur Atmung muss ich Ihnen noch ein bisschen was sagen.

Doch das mache ich im nächsten Kapitel.

Die Atmung

Ich habe bereits gesagt, dass die Mantras im Geiste rezitiert werden sollen – im *Einklang mit der Atmung*.

Wieso?

Weil man durch die Abstimmung des Mantras auf die Atmung folgende Ergebnisse erzielt: 1) Wir vermeiden neurotische negative Gedanken.[116] 2) Wir entwickeln ein Erwachsenen-Selbstbild. 3) Wir haben die Kontrolle über unseren Geist (durch das Mantra) und über den Körper (durch die Atmung).

Dies ist der Teil der Entwicklungs-Psychotherapie, der Techniken aus der östlichen Meditation einsetzt.[117]

---

116 Der kindliche Neurotiker hat wie alle Neurotiker einen Geist, der ständig von *unwillkürlichen, automatischen Gedanken* überflutet wird. Natürlich sind dies gewöhnlich negative Gedanken, die sich in unangenehmen Begleiterscheinungen äußern. Das ist ein Kennzeichen der Neurose. Aller Neurosen. Die zu vermehrter *Anspannung* führen. Anspannung ist *Energie* (das neuronale Netz wird unter Strom gesetzt) und wird so zu *Arbeit*. Zu den Gedanken eben, die ja eine Form von Arbeit sind. Der Prozess ist zwanghaft und läuft automatisch ab. Siehe dazu mein Buch *Wie Sie Ihre Hirnwichserei abstellen ...*, a. a. O.

117 Erstens die Vipassana-Meditation, die für die ältere buddhistische Schule (Theravada) zentral ist, und zweitens das Pranayama, das aus der ursprünglichen Yogatradition des Raja-Yoga kommt. Beide

Das *kurze Mantra* wird auf folgende Weise mit der Atmung abgestimmt:

Ich bin (Einatmung)
ein Krieger des Lichts. (Ausatmung)

Ich bin (Einatmung)
eine Dame des Lichts. (Ausatmung)

Das *Mantra der Wandlung* wird auf folgende Weise mit der Atmung in Einklang gebracht:

Ich bin (Einatmung)
ein Krieger des Lichts. (Ausatmung)
Ich besitze die drei Kräfte (Einatmung)
eines Kriegers des Lichts: (Ausatmung)
absolutes Vertrauen (Einatmung)
in mich selbst, (Ausatmung)
vollkommene Unabhängigkeit (Einatmung)
von anderen (Ausatmung)
und Freude (Einatmung)
am Leben. (Ausatmung)

Ich bin (Einatmung)
eine Dame des Lichts. (Ausatmung)
Ich besitze die drei Kräfte (Einatmung)

---

nutzen die Atmung als Konzentrationshilfe. In der Dhyana-Phase des Raja-Yoga setzt man auch Mantras ein. Vgl. mein Buch *La psicologia dello Yoga*, a. a. O.

> *einer Dame des Lichts: (Ausatmung)*
> *absolutes Vertrauen (Einatmung)*
> *in mich selbst, (Ausatmung)*
> *vollkommene Unabhängigkeit (Einatmung)*
> *von anderen (Ausatmung)*
> *und Freude (Einatmung)*
> *am Leben. (Ausatmung)*

Die Rezitation muss mit einer Ausatmung enden.

Die Rezitation erfordert einen kompletten Atemzyklus
und endet mit dem Ausatmen.

Wir im Westen haben nie gelernt, korrekt zu atmen.

Wer weiß, warum?

Es gibt im Westen keine genuinen Atemtechniken, die nicht mit Sport zu tun haben.

Im Osten wird die Atmung hingegen seit Jahrtausenden studiert.

Der Yoga hat daraus eine eigene Disziplin gemacht, das Pranayama, das vor dem 3. Jahrhundert v. Chr. entstanden ist.[118]

---

118 Man hat bei Ausgrabungen in Mohenjo Daro im Industal ein Siegel gefunden, das eine Gestalt in einer Yogastellung, im Mulabandha-Asana, sitzend zeigt. Mit Hilfe der Radiokarbonmethode wurde es auf die zweite Hälfte des 3. Jahrtausends v. Chr. datiert.

Alle Atemtechniken, die heute im Westen gelehrt werden, sind Kopien der östlichen Methoden.[119]

Vor allem des Pranayama.[120]

Auch die auf den Atem abgestimmten Mantras sind eine Technik des Yoga.

Daher ist es ganz sinnvoll, einen Blick auf die Yoga-Atmung zu werfen, ohne dass wir dabei tatsächlich Pranayama betreiben würden, das hier zu kompliziert ist und unseren Zwecken nicht dient.

Die Lunge ist in drei Abschnitte aufgeteilt.

Die obere (Lungenspitzen), mittlere (Brust) und untere (Bauchraum) Lunge.

Die normale Atmung beschränkt sich auf den Bauchraum (meistens) oder auf die Lungenspitzen (bei Schwangeren).

---

119 Und es gibt zahlreiche Leute, die sich ihren Lebensunterhalt damit verdienen, anderen das Atmen beizubringen. Sie müssen nur mal das Stichwort »Atem« in einer Internet-Suchmaschine eingeben. Natürlich gibt es auch reihenweise Therapieformen, die die uralte Technik der Mantras für sich nutzen, zum Beispiel die Transzendentale Meditation (TM).

120 Das Pranayama ist eine Phase des Raja-Yoga und wird im Yoga-Sutra von Patanjali beschrieben, das vermutlich aufs 3. vorchristliche Jahrhundert zurückgeht. Siehe dazu mein Buch *La psicologia dello Yoga*, a.a.O. Das Pranayama ist allerdings eine hochkomplexe Technik. Angestrebtes Ziel ist, dass man einen einzigen Atemzug (Einatmen und Ausatmen mit der nötigen Pause dazwischen) auf bis zu fünf Minuten ausdehnt. Traditionell geht man davon aus, dass Pranayama nur unter Anleitung eines erfahrenen Lehrers praktiziert werden sollte. Denn tatsächlich kann die Übung gefährlich sein. Man läuft Gefahr, sich von eigener Hand zu erdrosseln. Sogar wenn die Hände in der Tasche stecken.

Der Brustraum bleibt in der Regel unbeteiligt. Dabei ist er der räumlich größte und damit wichtigste Teil der Lunge.

Wenn wir Sport treiben oder anstrengende Tätigkeiten verrichten, sind wir gezwungen, das gesamte Lungenvolumen zu nutzen.

Sonst schaffen wir nicht genügend Sauerstoff in die Lungen und sterben den Erstickungstod.

Bei der Yoga-Atmung wird die komplette Atmung angestrebt.

Man füllt zuerst die unteren Lungenflügel, dann den Mittelteil und schließlich die Lungenspitzen.

Und leert sie in derselben Reihenfolge.

Das heißt, wir fangen immer unten an.

Natürlich ist das nicht zwingend.

Aber viel angenehmer, als oben zu beginnen.

Wieso?

Weil wir ja in Wirklichkeit nicht atmen, indem wir die Lunge dehnen.

Nicht die Muskeln zwischen den Rippen sind es, welche die Ausdehnung der Lungenflügel herbeiführen.

Die Atmung geht auf die Bewegung des *Zwerchfells* zurück.

Das Zwerchfell ist ein Muskel in der Form einer Schürze. Es liegt unterhalb der Lungenflügel und lässt sich wie der Deckel einer Truhe anheben und wieder absenken.

Es hebt die Lungen und leert sie. Es lässt sie wieder absinken und füllt sie dabei.

Natürlich mit Luft.

Was die Lungen dehnt, ist also der *Luftdruck*.

Daher fällt uns in den Bergen das Atmen schwerer.

Weil der Luftdruck dort niedriger ist als auf Höhe des Meeresspiegels.

Die Atmung geschieht also, indem wir das Zwerchfell heben und senken.

Das unterhalb der Lunge liegt.

Daher ist es nur normal, unten anzufangen, wenn wir die Lungen füllen oder leeren wollen.

Weil das Zwerchfell ja unterhalb und nicht oberhalb der Lunge liegt.

Doch da ist noch etwas.

Es gibt noch einen anderen Grund.

Wir atmen nämlich durch die Nase.

Und nicht durch den Mund.

Weshalb?

Weil Sie automatisch durch die Nase atmen, wenn Sie den Mund voller Popcorn haben und nicht wollen, dass es in die Lungen gelangt.[121]

Da können Sie doch gleich weiter durch die Nase atmen, auch wenn Sie den Mund mal gerade nicht voller Popcorn haben.

Denn der Schöpfer hat die Nase zur Atmung und den Mund zur Nahrungsaufnahme bestimmt.

---

121 Popcorn in den Lungen habe ich bisher nicht ausprobiert. Das muss fürchterlich sein. Ich habe Puffreis, Pommes frites und Kürbiskerne versucht, aber Popcorn noch nicht.

Nur in Ausnahmefällen wird von dieser Regel abgewichen.[122]

Aber da ist noch was.

Die Nase muss während des Atemvorgangs vollkommen *passiv* bleiben.

Die Luft fließt durch sie hindurch und damit basta.

Der *Kehlkopf* hingegen spielt durchaus eine Rolle.

Denn beim Atmen macht er ein *Geräusch:*

Während der Atmung müssen Sie sich also gleichsam räuspern.

Während der Atmung müssen Sie sich gleichsam räuspern.

Das ist die *natürliche* Atmung.

So atmen wir, *wenn wir schlafen.*

Wenn unser Kopf nicht eingreift und die Atmung verändert.

Natürlich ist das Atemgeräusch nicht so laut, dass der Rest der Kirchenbesucher es bei der Sonntagsmesse mitbekommt. Oder die Fans im Fußballstadion.

Ihre Atmung soll nur so laut sein, dass *Sie selbst* sie hören können.

Und zwar nur Sie selbst.

---

122 Wir werden das Thema des nicht naturgemäßen Gebrauchs menschlicher Körperöffnungen hier nur kurz streifen. Natürlich können Sie die Hühnersuppe durch die Nase hochziehen und durch den Mund atmen, aber damit ist doch nichts gewonnen. Und das sollte auch für die anderen Körperöffnungen gelten.

Sonst ziehen Sie im Bus die Aufmerksamkeit auf sich wie ein Seehund ohne Fahrschein.

Dass Sie den Atem hören, erleichtert es, sich darauf zu konzentrieren und diese Konzentration lange aufrechtzuerhalten.

Sie müssen dem Klang Ihres Atems folgen.

Das ist eines der beiden Merkmale der Yoga-Atmung, die der natürlichen Atmung entspricht: 1) Sie ist *vollständig*, weil sie sich sowohl beim Ein- als auch beim Ausatmen von unten her aufbaut. 2) Und sie ist *hörbar*.

Die Atmung, die mit der Mantra-Rezitation abgestimmt und im Training zur Entwicklung einer Erwachsenen-Persönlichkeit eingesetzt wird, ist die Yoga-Atmung.

Die Atmung, die wir im Training einsetzen, entspricht der Yoga-Atmung: Sie ist vollständig und hörbar.

Zu Anfang erscheint dies schwierig, doch mit ein bisschen Übung gewöhnt man sich daran.

Es ist wichtig, die Yoga-Atmung zu nutzen.

Denn sie verhilft uns zu diesem einen, entscheidenden Ergebnis.

Sie trägt dazu bei, dass der automatische und zwanghafte Fluss der unwillkürlichen Gedanken innehält.

Und damit der Weg für das Mantra frei ist.

Das auf diese Weise vollkommen assimiliert und gespeichert werden kann.

Denn unser *Geisteszustand* hängt mit der Atmung zusammen.

Wenn wir uns aufregen, geht der Atem schnell, wenn wir ruhig sind, wird der Rhythmus langsam.

Außerdem hängt die Atmung von der *Muskelspannung* ab.

Sind wir körperlich angespannt, geht die Atmung schnell. Sind wir dagegen entspannt, atmen wir langsam.

Doch auch umgekehrt wird ein Schuh draus.

Wenn wir auf die Atmung einwirken, dann wirken wir damit auf Geist und Körper ein.

Denn dieser Zusammenhang ist ein *systemischer*.

Atmung, Körper und Geist sind Prozesse, die aufeinander einwirken und deshalb in engem Zusammenhang stehen.

Spannung in einem dieser Systeme führt automatisch zu Spannungen in den anderen beiden. Alle sind zugleich Ursache und Wirkung.

Mit folgendem Fließdiagramm lässt sich das vielleicht besser verdeutlichen.

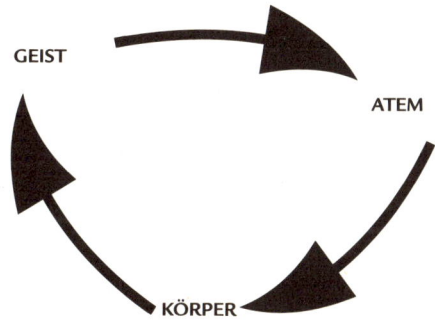

Wie wir sehen, hängt jeder Prozess mit den anderen beiden zusammen. Sie wirken *wechselseitig* aufeinander ein.

Wir können uns also körperlich entspannen und innerlich zur Ruhe kommen, wenn unser Atem ruhiger wird.

Denn der Atem ist der einfachste dieser drei Prozesse und lässt sich am leichtesten kontrollieren.

Für die Entwicklungs-Psychotherapie ist dies ein entscheidender Punkt.

Das Mantra – genauer gesagt: seine Bedeutung – gräbt sich nämlich tiefer ins Unbewusste beziehungsweise ins Gedächtnis ein, wenn wir körperlich und geistig entspannt sind.

Wie es in der geführten Visualisierung der Fall ist.

Und die Rezitation des Mantras im Einklang mit der Atmung stellt einen Zustand körperlicher und geistiger Entspannung her.

Aber das ist noch nicht alles.

Die Konzentration auf das Mantra und auf den Atem verhindert zwanghafte Gedanken.

Und erlaubt eine stärkere Konzentration auf die Bedeutung des Mantras.

Das sich dadurch noch tiefer ins Gedächtnis gräbt.

Aus diesem Grund rate ich meinen Patienten, die unter zwanghaften Gedanken leiden und das Training machen, das Mantra der Wandlung mehrmals am Tag zu rezitieren.

Das zwanghafte Denken wird durch Spannungen ausgelöst. Diese sind tatsächlich eine Form elektrischer

Spannung in den neuronalen Netzen des Gehirns und des Nervensystems.

Zum Abbau der Spannung ist es gut, achtmal tief ein- und auszuatmen.

Eine gute Methode zum Abbau der Spannung ist es, achtmal tief ein- und auszuatmen.

Auch dies sollte man mehrmals im Laufe des Tages tun.

Die Konzentration auf den Atem und auf die Bedeutung des Mantras ist sozusagen die technische Voraussetzung für die Wirkung des Mantras.

Die Konzentration auf den Atem und auf die Bedeutung des Mantras ist die technische Voraussetzung für die Wirkung des Mantras der Wandlung.

Die innere Rezitation des Mantras der Wandlung ist gemeinsam mit der Yoga-Atmung integraler Bestandteil der Entwicklungs-Psychotherapie.

Die Rezitation des Mantras ist zusammen mit der Yoga-Atmung integraler Bestandteil der Entwicklungs-Psychotherapie.

Dieses wichtige Element muss also ständig geübt werden.

Doch bei der Wandlung vom Kind zum Erwachsenen gibt es noch einen entscheidenden Punkt zu beachten.

Nämlich die Erfahrung.

Die Erfahrung

Wie wir gesehen haben, entwickelt sich die Erwachsenen-Persönlichkeit in der Natur durch *Erfahrung*.

Im natürlichen Entwicklungsprozess ist das Erwachsenen-Selbstbild Frucht der Erfahrung. Und die Erfahrung wiederum bekräftigt das Erwachsenen-Selbstbild.

Die Entwicklung eines Erwachsenen-Selbstbilds im Rahmen der Entwicklungs-Psychotherapie beseitigt die Symptome der kindlichen Neurose.

Doch erst die Erfahrung führt dazu, dass der Entwicklungsprozess hin zur Erwachsenen-Persönlichkeit abgeschlossen wird.

Der Beitrag der Entwicklungs-Psychotherapie zur Schaffung eines Erwachsenen-Selbstbilds ist es, dem Patienten Zugang zur Erfahrung als Erwachsener zu verschaffen.

Wie ein Trampolin, das das Adlerjunge in die Lüfte katapultiert und ihm hilft, seine Schwingen auszubreiten.

Doch am Ende ist es der Adler, der fliegen muss, nicht das Trampolin.

Es ist der Adler, der fliegen muss, nicht das Trampolin.

Der Patient muss also Erfahrungen als Erwachsener machen.

Nicht der Therapeut.

Es wird vorausgesetzt, dass der Therapeut das bereits hinter sich gebracht hat.[123]

Schon die Anwendung der drei Kräfte, die der Klient im Verlauf der Therapie zur Verwirklichung seines Erwachsenen-Selbstbilds entwickelt, ist eine Erfahrung, die ihn weiterbringt.

Doch sobald der Betreffende sein Erwachsenen-Selbstbild geschaffen hat, muss er es praktisch umsetzen.

Er muss sich also in Situationen begeben, die für Erwachsene typisch sind.

Dieser theoretische Anspruch wird von konkreten Erfahrungen belegt:

Das Training erlaubt, erwachsen zu werden (was heutzutage keine Kleinigkeit ist), aber natürlich liegt es am Betroffenen, das umzusetzen. In wenigen Jah-

---

123 Zumindest hofft man das. Die Tatsache, dass viele »Kinder« Psychotherapeut werden, weil sie ein tiefes Bedürfnis nach Heilung haben oder sich gern gottgleich fühlen wollen, ist eine Anomalie, die zum System gehört. Wie die Korruption unter den Politikern. Aber das gilt auch für Lehrer, Erzieher, Sozialpädagogen, Richter und viele andere. Es ist unglaublich, aber der Staat verlangt von Menschen, die so heikle Berufe ausüben, ein gewisses kulturelles Niveau und allerlei Tests. Eine Prüfung, die sie auf ihre psychische oder geistige Reife untersucht, gibt es hingegen nicht. Mit Konsequenzen, die wir jeden Tag vor Augen haben.

ren kann man erwachsen *werden. Doch das heißt auch, dass man* leben *muss wie ein Erwachsener, also mit der Einsamkeit fertig wird, sich wirtschaftlich selbst erhält und sich nicht von den Eltern durchfüttern lässt.*[124]

Der Erwachsenen-Zustand hat, wie wir gesehen haben, zwei besondere Kennzeichen.

Selbstständigkeit und die *Fähigkeit zum wirtschaftlichen Überleben.*

Sie müssen also von zu Hause ausziehen, eine eigene Wohnung nehmen und für sich selbst sorgen.

Um definitiv erwachsen zu werden, müssen Sie sich von den Eltern trennen, alleine leben und Ihren Lebensunterhalt aus eigener Kraft sicherstellen.

Dem »den eigenen Lebensunterhalt sicherstellen« entspricht in der freien Wildbahn die Jagd.

Sie müssen also arbeiten.

Es ist unabdingbar, dass Sie sich einen Job suchen.

Was Sie tun, um sich *wirtschaftlich durchzubringen*, ist dabei *völlig egal.*

---

124 Mark8Fi im Forum auf www.giuliocesaregiacobbe.org vom 20. Januar 2009.

Kinder stellen sich an, wenn es um die Wahl der Beschäftigung geht.

**Bei der Wahl der Beschäftigung heikel zu sein
ist typisch für Kinder.**

Ein Erwachsener nimmt die Arbeit, wie sie ist.

Ein Erwachsener passt sich seiner Arbeit an.

Auch ein *einfacher Job* ist *für den Anfang gut.*
Er ist sogar recht nützlich.
Denn er hilft Ihnen, Demut, Frustrationstoleranz,
Durchhaltevermögen, Energie und Kampfgeist zu ent-
wickeln.
Wichtige Eigenschaften für einen Erwachsenen.
Wenn Sie dann mal groß rausgekommen sind, kön-
nen Sie sich rühmen, Sie hätten klein angefangen.
Von der Pike auf gelernt.
Wie so viele.
Als die USA noch eine Nation mit Pioniergeist waren,
behaupteten alle Bank- oder sonstigen Direktoren, sie
hätten schwierige Startbedingungen gehabt.[125]

125 »John Davidson Rockefeller sen., Sohn eines fliegenden Händlers,
    gründete die Standard Oil. Dem Enkel Nelson, drittem Sohn von
    John Davidson Rockefeller jun., dem einzigen Sohn des Patriar-
    chen, wurde von Anfang an eine Ethik der Verantwortung ein-
    geimpft: Wer mehr hat, hat auch mehr zum kollektiven Wohlstand
    beizusteuern. Trotz des enormen Reichtums der Familie brachte

Anfangs hat die Arbeit nur eine Funktion: Sie wirtschaftlich unabhängig zu machen.

Zunächst hat Arbeit nur den Zweck,
Sie wirtschaftlich unabhängig zu machen.

Diese Funktion allerdings ist ganz wesentlich.
Erst wenn Ihre wirtschaftliche Unabhängigkeit sichergestellt ist, können Sie an Ihre Karriere denken.

Wenn Sie wirtschaftlich unabhängig sind,
können Sie an Ihre Karriere denken.

---

man ihm bei, dass man Geld durch Arbeit verdient und es am sinnvollsten dazu verwendet, dem Nächsten beizustehen« (http://www.biografieonline.it/biografia.htm?BioID=1246&biografia=-Nelson+Rockefeller). »Henry Ford, Sohn irischer Bauern, hatte nur eine rudimentäre Schulbildung erhalten. Er begann als Techniker in einer Detroiter Firma zu arbeiten« (http://www.biografieonline.it/biografia.htm?BioID=1468&biografia=Henry+Ford). Roosevelt besuchte die »prestigeträchtigste Schule Amerikas, die in Groton in Massachusetts. Dieses Institut wurde nach rigorosen Regeln geführt und erzog die Schüler im Geist der Strenge« (http://www.biografieonline.it/biografia.htm?BioID=41&biografia=Franklin+-Delano+Roosevelt). Kennedy meldet sich schon mit 24 Jahren zur Marine, obwohl er Osteoporose an der Wirbelsäule hatte (Addison-Krankheit). Während der Zweite Weltkrieg wütete, nahm er an mehreren Missionen im Pazifik teil und erlangte das Kommando über eine PT-109, ein kleines und gefährliches Torpedoboot« (http://www.it.wikipedia.org/wiki/John_Fitzgerald_Kennedy Infanzia_ed_educazione).

Denn das Leben fängt bei den Fundamenten an.
Wie die Wolkenkratzer.

Das Leben und die Wolkenkratzer gründen sich auf ein gutes
Fundament.

Man wird General, indem man in die Truppe eintritt, nicht in den Generalstab.
Zuerst wird man erwachsen, dann macht man Karriere.
Umgekehrt wird kein Schuh draus.

Zuerst wird man erwachsen, dann macht man Karriere.
In der umgekehrten Reihenfolge funktioniert das nicht.

Erwachsen zu werden ist *das Erste, was wir im Leben schaffen müssen.*
Der ganze Rest kommt später.

Wenn wir nicht erwachsen werden,
entwickelt sich das Leben zur Tragödie.

Zuerst müssen wir *unsere eigene Erwachsenen-Persönlichkeit entwickeln.*
Uns abnabeln.
Dieser Vorgang, der früher ein grundlegender sozialer und moralischer Wert war, scheint heutzutage seine Bedeutung verloren zu haben.
Viele Kinder wissen noch nicht mal, was das heißt: sich abnabeln.

Es heißt: *unabhängig werden.*
Zuerst wirtschaftlich, dann emotional.

Wir müssen wirtschaftlich und emotional unabhängig werden.

Also eine Arbeit finden und uns nicht mehr von den Eltern durchfüttern lassen.

Doch es gibt noch eine weitere entscheidende Lebenserfahrung, die zur Entwicklung einer Erwachsenen-Persönlichkeit unabdingbar ist.

Die Einsamkeit.

**Einsamkeit ist die Grundbedingung für die Entwicklung
der Erwachsenen-Persönlichkeit.**

Denn Einsamkeit bedeutet *emotionale Unabhängigkeit.*

Wir *müssen nicht geliebt werden, um glücklich zu sein.*

Die Einsamkeit, vor der das Kind sich so sehr fürchtet, ist für den Erwachsenen die Garantin seiner *Freiheit.*

Und die Freiheit ist für den Erwachsenen das höchste Gut.

**Einsamkeit beziehungsweise Freiheit ist
für den Erwachsenen das höchste Gut.**

Die Freiheit, sein Leben ganz nach den eigenen Vorstellungen und Interessen zu gestalten.

Das Verlangen nach Freiheit ist das Signal,
dass der Wandlungsprozess zum Erwachsenen einsetzt.

Der Erwachsene wird mit der Einsamkeit bestens fertig.
Sodass wir sie sogar zum *Prüfstein* erheben können.

Wenn Sie die Einsamkeit genießen können,
ist Ihre Erwachsenen-Persönlichkeit fest verankert.

Die Erfahrung der Einsamkeit ist wesentlich für die Verankerung der Erwachsenen-Persönlichkeit.

Denn nur in der Einsamkeit kann sich die Erwachsenen-Persönlichkeit vollständig entwickeln.

Die Erfahrung der Einsamkeit lässt nämlich Wirklichkeit werden, was im Training psychologisch erarbeitet wurde.

Die Einsamkeit ist also die Erfahrung,
die der Mensch machen muss, um seine eigene
Erwachsenen-Persönlichkeit wahr zu machen.

In der Einsamkeit nämlich reifen die Kräfte des Erwachsenen heran:

Selbstachtung, Unabhängigkeit, Freude am Leben.[126]

Ja, Freude am Leben, denn die Freiheit, die uns die Einsamkeit schenkt, ermöglicht, dass wir alles tun können.

Dabei meine ich mit Einsamkeit nicht den asketischen Rückzug in eine Höhle oder einen Wald.

Selbst wenn dies traditionell so praktiziert wurde.

Ich meine damit, dass keine *emotionalen Abhängigkeiten* mehr bestehen.

Nicht mehr abhängig zu sein von Ehepartnern, Verlobten, Kindern, Eltern, Hunden, Katzen oder Goldfischen.

Emotional nicht mehr bedürftig zu sein.

Einsamkeit heißt, dass wir uns von jeder
emotionalen Bedürftigkeit lösen.

Von emotionaler Bedürftigkeit frei zu sein bedeutet Glück.

Die Befreiung von emotionaler Bedürftigkeit
ist eine Form des Glücks.

---

126 Alle Heiligenlegenden beschreiben die Erfahrung der Einsamkeit als Voraussetzung für inneres Wachstum. Selbst Nietzsches Zarathustra, der nicht den Übermenschen (der der Masse der Kinder überlegen ist) repräsentiert, sondern einen erwachsenen Menschen, der sich von dem Bedürfnis nach einem Elternteil (einem Gott) befreit hat, war Einsiedler und hat die Erfahrung der Einsamkeit hinter sich gebracht.

Anderenfalls gleicht das Leben einem Hindernislauf.

Für ein Kind ist die Einsamkeit eine Qual.

Denn es braucht ständig *Fürsorge*.

Das heißt: Wir wollen unbedingt geliebt werden.

Doch wie wir alle wissen, ist dieses Bedürfnis schwer zu befriedigen.

Häufig ist es auch unmöglich.

Daher ist das Kind ständig unglücklich.

Dieses ständige Bedürfnis nach Liebe und Fürsorge kann nur verschwinden, wenn wir Selbstachtung entwickeln.

Dann erleben wir die Einsamkeit als Glück.

Das Glück der emotionalen Unabhängigkeit rührt aber nicht nur aus der Selbstachtung und der Konzentration auf die eigenen statt auf fremde Wünsche.

Es hat nicht nur damit zu tun, dass wir unser Glück nicht von anderen abhängig machen.

Es wurzelt auch in der Fähigkeit, alle Schwierigkeiten ohne Hilfe zu meistern.

Das Glück wurzelt unter anderem in der Fähigkeit,
Schwierigkeiten ohne Hilfe zu meistern.

Das wiederum stärkt die Selbstachtung.

Das ist das Glück der Selbstgenügsamkeit, Unabhängigkeit und Selbstbehauptung.

Das Glück des Erwachsenen.

Denn er ist glücklich.

Der Erwachsene ist glücklich.

Natürlich ist der Mensch nicht vollkommen, zumindest nicht in moralischer Hinsicht.

Es fehlt ihm noch an der Liebe zu den anderen.

An der Hingabe für die anderen.

Das sind die Kennzeichen der *Eltern-Persönlichkeit.*

Der Erwachsene ist aufs Überleben hin ausgerichtet.

Auf sein eigenes, nicht auf das der Gruppe.

Daher steht das Stadium des Erwachsenen auf der mittleren Stufe, was die menschliche Entwicklung angeht.

Vom Standpunkt der Natur und des Überlebens der Art aus betrachtet, ist das oberste Ziel die *Eltern-Persönlichkeit.*

Trotzdem stellt die Entwicklung der Erwachsenen-Persönlichkeit im Vergleich mit dem Kindstatus einen enormen Fortschritt dar.

Denn der Erwachsene hat sich vom chronischen Leiden des Kindes befreit.

Das daher rührt, dass es ständig Fürsorge braucht und nicht in der Lage ist, Probleme allein zu meistern.

Selbstgenügsamkeit, Unabhängigkeit und Selbstbehauptung sind die großen Eroberungen, die der Erwachsene macht.

Und Selbstgenügsamkeit, Unabhängigkeit und Selbstbehauptung erlangen wir nur in der Einsamkeit.

Das heißt nun nicht, dass der Erwachsene kein Sozialleben hat.

Ganz im Gegenteil, das Sozialleben des Erwachsenen ist sehr viel intensiver als das des Kindes, das ständig an irgendeinem Rockzipfel hängt und nur mit den Ersatzeltern zu tun haben will.[127]

Auch intensiver als das der Eltern-Persönlichkeit.

Denn diese widmet ihr Leben den Kindern und nur diesen.

Für den Erwachsenen aber sind *Freunde* wichtig:

Freundschaft ist dem Erwachsenen heilig.

Man könnte sogar sagen, dass nur der Erwachsene zu echter Freundschaft fähig ist.

Die antike Literatur ist voll von Beispielen.

Es gibt sogar eigene Traktate über die Freundschaft.

Denn sie ist frei von Interessen.

Die Freundschaft, nicht die antike Literatur.

Der Erwachsene freundet sich mit Menschen nämlich nicht an, weil er Liebe, Fürsorge oder Trost braucht.

Er tut es vielmehr um des Vergnügens der Freundschaft willen.

Und weil er seine Freunde mag.

Der Erwachsene ist unter den natürlichen Persönlichkeiten nämlich die einzige, die es wirklich genießen kann, unter anderen Menschen zu sein.

---

127 Das ist typisch für Verliebte oder Eheleute mit kindlicher Neurose. Diese schließen sich in die Paarbeziehung ein und kappen alle Verbindungen zur Außenwelt in der Illusion, dass sie »einander in ihrer Liebe genug« sind.

Da er keine Familie hat, ist Gesellschaft sein Leben.

Aber wenn die Erfahrung der Einsamkeit der Prüfstein für die Verwirklichung der Erwachsenen-Persönlichkeit ist, wozu braucht man dann die Entwicklungs-Psychotherapie?

Abnabelung von den Eltern, Einsamkeit, die Fähigkeit zum Überleben und zur Selbstbehauptung sind *existenzielle Zustände*.

Doch mit diesen korrespondieren *seelische Zustände*.

Darin *fühlt* das Kind sich entfremdet, getrennt, nicht mehr umsorgt und nicht mehr mit den Eltern verbunden.

Es *fühlt sich* allein.

Es *fühlt sich* gezwungen, ums Überleben zu kämpfen, um die Kontrolle des Territoriums, um seine Selbstbehauptung.

Wenn die existenziellen Zustände zwar bestehen, das Kind sich aber weiterhin den Eltern verbunden fühlt.

Wenn es sich nicht allein fühlt, sondern beschützt.

Nicht zum Kampf um die eigene Selbstbehauptung gezwungen, sondern von den Eltern umsorgt.

Und somit von dieser Verpflichtung befreit.

Dann lebt es nicht wirklich das Leben eines Erwachsenen.

Dann wäre das Erwachsensein nur ein äußerer Zustand ohne seelischen Widerhall.

Wir sehen also, dass das Erwachsensein in erster Linie ein *seelischer Zustand* ist.

*Das Erwachsensein ist in erster Linie
ein seelischer Zustand.*

Auch wenn dieser seelische Zustand gewöhnlich das Ergebnis äußerer Umstände ist.

Aber was zählt, ist das Ergebnis, nicht der Weg, auf dem es erzielt wurde.

Wenn das Kind sich von den Eltern abnabelt, und sei es auch nur *psychisch*.

Wenn es sich auf sich selbst gestellt fühlt, unabhängig und nicht umsorgt.

Wenn es das Gefühl hat, sich um sich selbst kümmern zu müssen.

Wenn es das Gefühl hat, um Selbstbestätigung kämpfen zu müssen, und zwar nicht, weil die Umstände es dazu zwingen, sondern weil es von der Trennung, der Einsamkeit, der Selbstbehauptung überzeugt ist.

In diesem Fall sind alle Merkmale des Erwachsenseins vorhanden.

Und das Erwachsensein ist Wirklichkeit.

Daraus folgt:

*Trennung von den Eltern, Einsamkeit und Selbstbehauptung
können auch nur seelische Zustände sein.*

Daher schafft es die Entwicklungs-Psychotherapie auch dann, eine Erwachsenen-Persönlichkeit zu schaffen, wenn es in der realen Welt nicht zu Einsamkeit und Abnabelung kommt.

Und wie funktioniert die Entwicklungs-Psychotherapie nun auf seelischer Ebene?

Welche Dynamik entfaltet sie?

Das werden wir uns im nächsten Kapitel anschauen.

Die Dynamik der Entwicklungs-Psychotherapie

Jeder Seelenzustand ist das Resultat des Zusammen-spiels dreier Welten: erstens der realen Welt, zweitens der Welt des bewussten Geistes und drittens der Welt des Unbewussten.

Seelenzustände zeigen sich in der realen Welt in unse-ren *Verhaltensweisen*.

Ein Seelenzustand wird im *Bewusstsein* spürbar, ist je-doch von einem *unbewussten* Einfluss konditioniert.

Diese unbewusste Konditionierung ist es, die den *Seelenzustand des Erwachsenen* bestimmt. Das gilt im Übrigen auch für den Seelenzustand des Kindes.

Bei der natürlichen Herausbildung der Erwachse-nen-Persönlichkeit entsteht eine unbewusste Konditio-nierung aus einer existenziellen Situation.

NATÜRLICHE ENTWICKLUNG
DER ERWACHSENEN-PERSÖNLICHKEIT

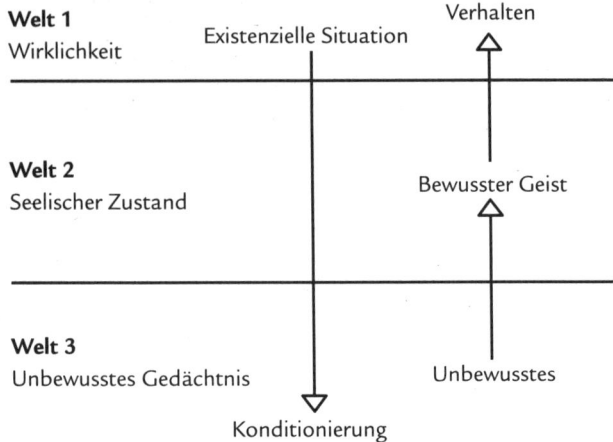

Welt 1
Wirklichkeit

Existenzielle Situation

Verhalten

Welt 2
Seelischer Zustand

Bewusster Geist

Welt 3
Unbewusstes Gedächtnis

Unbewusstes

Konditionierung

Aber ein seelischer Zustand kann auch infolge *bewusster Konditionierung* eintreten.

Auch die bewusst durchgeführte Konditionierung kann zum unbewussten Reflex werden.

Die therapeutische Entwicklung einer Erwachsenen-Persönlichkeit geschieht durch bewusste Konditionierung.

Die therapeutische Suggestion sinkt durch den bewussten Geist ins Unbewusste, wo es eine Prägung schafft, die letztlich zum Seelenzustand des Erwachsenen führt.

Der in diesem Fall Frucht einer Suggestion ist und nicht aus existenziellen Situationen entsteht.

THERAPEUTISCHE ENTWICKLUNG
DER ERWACHSENEN-PERSÖNLICHKEIT

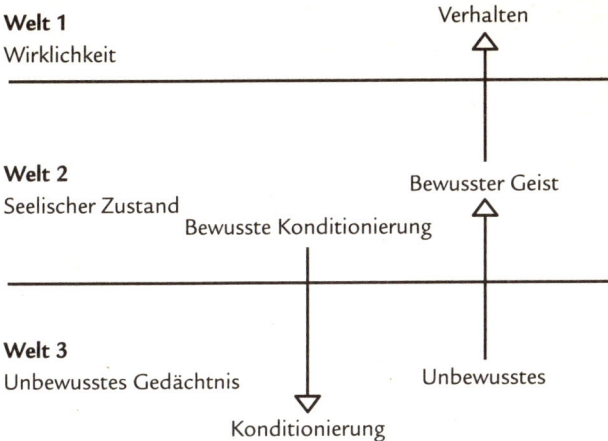

Natürlich sind eine tatsächliche Trennung von den Eltern, die reale Erfahrung von Einsamkeit und die Notwendigkeit, sich selbst behaupten zu müssen, von Vorteil, wenn Sie durch unbewusste Konditionierung eine Erwachsenen-Persönlichkeit entwickeln wollen.

Doch wenn Sie stattdessen das Unbewusste durch ein Erwachsenen-Selbstbild bewusst konditionieren, gelangen Sie zum selben Resultat.

Die einzige Bedingung dafür ist die *kontinuierliche Verstärkung*.

Die in der existenziellen Situation durch die *ständige Erfahrung des Erwachsenen-Zustands* geschaffen wird.

Doch wie das Erwachsenen-Selbstbild therapeutisch entwickelt werden kann, so können Sie auch die *existenzielle Erfahrung* des Erwachsenseins therapeutisch erzeugen.

So ist es beispielsweise nützlich, sich selbst als Erwachsenen zu visualisieren: Stellen Sie sich vor, wie Sie von den Eltern Abschied nehmen, wie Sie sich in der Einsamkeit irgendwo einrichten, möglichst an einem Ort, der von Ihnen Defensive wie Offensive verlangt, um Ihr Überleben zu sichern.

Sie bemühen sich also um die *imaginäre Reproduktion jener Situation, die Sie kreieren* möchten.

Sie müssen sich die Situation vorstellen,
die Sie erschaffen möchten.

Die imaginäre Reproduktion der realen Situation trägt dazu bei, dass Sie diese Situation als bereits erlebt abspeichern.

Und sie hilft, die zugehörigen Fertigkeiten zu entwickeln.

Denn das Unbewusste, die Triebkraft
unserer Persönlichkeit und unseres Lebens, unterscheidet
nicht zwischen realer und imaginärer Erfahrung.

Aus ebendiesem Grund funktioniert die Entwicklungs-Psychotherapie so gut.

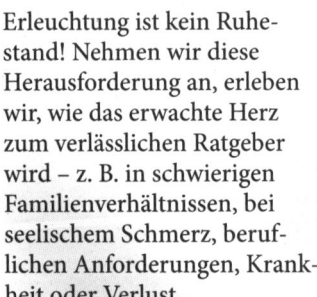

Um die ganze Welt des GOLDMANN
Body, Mind & Spirit Programms
kennenzulernen, besuchen Sie uns doch
im Internet unter:

www.goldmann-verlag.de

Dort können Sie
nach weiteren interessanten Büchern *stöbern*,
Näheres über unsere *Autoren* erfahren,
in *Leseproben* blättern, alle *Termine* zu Lesungen und
Events finden und den *Newsletter* mit interessanten
Neuigkeiten, Gewinnspielen etc. abonnieren.

Ein *Gesamtverzeichnis* aller Goldmann Bücher finden
Sie dort ebenfalls.

Sehen Sie sich auch unsere *Videos* auf YouTube an und
werden Sie ein *Facebook*-Fan des Goldmann Verlags!

www.goldmann-verlag.de
www.facebook.com/goldmannverlag

GOLDMANN
Lesen erleben